Your Majesty

Die Deutsche Nationalbibliothek verzeichnet diese Publikation in der Deutschen Nationalbibliografie; detaillierte bibliografische Daten sind im Internet über http://dnb.ddb.de abrufbar.

Dittrich, Axel
Your Majesty
Der Staatsbesuch von Queen Elizabeth II. am 24. Mai 1965 in Langenburg, Schwäbisch Hall, Marbach und Stuttgart. Mit einem Beitrag ihrer ersten Hofdame Baronesse Susan Hussey of North Bradley
ISBN 978-3-948696-98-6

Satz, Gestaltung und Verlag: Molino Verlag GmbH, Otto-Hahn-Str. 17, 71069 Sindelfingen
Herstellung: Bookwire GmbH, Voltastr. 1, 60486 Frankfurt am Main
Printed in Germany
© 2025 Molino Verlag GmbH, Schwäbisch Hall und Sindelfingen
Alle Rechte vorbehalten.

AXEL DITTRICH

Your Majesty

Der Staatsbesuch von Queen Elizabeth II.
am 24. Mai 1965 in Langenburg, Schwäbisch Hall,
Marbach und Stuttgart

Mit einem Beitrag ihrer ersten Hofdame
Baronesse Susan Hussey of North Bradley

Inhalt

Zum Geleit	7
Introduction	11
Ein langes Ringen	15
Ankündigung einer Reise	19
65 Kostüme und viel Regen	25
Verschnaufpause für die Queen	30
Das Programm in Baden-Württemberg	34
Mit Fingerle und Wibele – Die Vorbereitungen in Schwäbisch Hall und Langenburg	40
Grüne Schuhe und primelgelbe Seide – Stuttgart	55
How charming – Marbach	69
Tanzen nach der Uhr – Schwäbisch Hall	75
Mehr als eine Rede am Bahnhof – Langenburg	87
Fackelspalier	92
Residenz auf Schienen	121
Die Automobile	124
Was bleibt?	130
Weitere Staatsbesuche	136
Königliche Besuche in Deutschland vor 1965	139
Familiäre Verbindung der Queen zu Baden-Württemberg	142
Biogramme	144
Bildquellen	157
Quellen	159

Zum Geleit

1960 trat ich als Hofdame der Königin in den königlichen Haushalt ein. Meine Rolle als Hofdame während der Staatsbesuche und auch sonst bestand darin, bei der Unterhaltung von Gästen (sowohl offiziellen als auch privaten) zu helfen, einen Großteil der Korrespondenz der Königin zu schreiben, mit ihrer Garderobiere die Kleidung abzusprechen, DAS PROGRAMM IN- UND AUSWENDIG ZU KENNEN!!, sie vor aufdringlichen Personen zu schützen, sie zu Terminen zu begleiten und im Auto mit ihr zu reisen, wenn HRH nicht bei ihr war. Ganz allgemein war es meine Aufgabe, hilfreich zu sein und nicht im Weg zu stehen! Es war ein sehr langer Lernprozess, und selbst nach 62 Jahren als ihre Hofdame lernte ich noch dazu. Die Königin war eine wunderbare Chefin und hat mir sehr viel beigebracht.

Der Staatsbesuch in Westdeutschland war mein erster Staatsbesuch im Ausland. Ich habe die vielen Auslandsreisen, die ich mit Ihrer Majestät unternommen habe, in Form von langen Briefen an meinen Mann oder meine Mutter dokumentiert, die diese aufbewahrten und mir später zurückgaben. Manchmal beschrieb ich in diesen Briefen die Orte, die ich besucht hatte, die Menschen, denen ich begegnete, oder bedeutende Ereignisse und Gespräche. Ein Tagebuch habe ich jedoch nie geführt.

Die Reise durch Deutschland mit dem Zug war eine aufregende, bequeme und interessante Erfahrung! Elizabeth Leicester und ich hatten nebeneinanderliegende »Suiten« mit einem Badezimmer – sehr luxuriös. Wir hatten beide eine Kammerzofe dabei, die sich um unsere Kleidung kümmerte. Sie waren zusammen mit vielen anderen Bediensteten, Dienern, Polizisten und Sekretären in diesem ungeheuer langen Zug untergebracht. Elizabeth Leicester war etwa im Alter meiner eigenen Mutter, und ich mochte sie sehr. Während des gesamten Besuchs war sie sehr mütterlich zu mir.

Ich erinnere mich an die großen Menschenmengen in Stuttgart und daran, dass der Besuch in Salem etwas förmlicher wirkte als die in Wolfsgarten und Langenburg. Der Besuch in Schwäbisch Hall blieb mir vor allem wegen der riesigen Menschenmenge auf recht engem Raum in Erinnerung. Und auch was mir – zu meiner Überraschung! – von der Salzherstellung in Schwäbisch Hall erzählt wurde.

Der Besuch in Deutschland wurde im Vereinigten Königreich als ein Akt der Versöhnung nach den beiden Weltkriegen wahrgenommen und galt als wahrscheinlich der wichtigste Staatsbesuch, den Ihre Majestät bis dahin unternommen hatte. Seit dem Ersten Weltkrieg hatte es keinen Besuch in Deutschland mehr gegeben. Bei unserer Ankunft in Bonn mit einem Flugzeug des Queen's Flight, das nach heutigen Maßstäben recht klein war, wurden wir vom Präsidenten und Frau Lübke empfangen. Es fühlte sich seltsam und ehrfurchtgebietend an, deutschen Boden zu betreten. Ich wurde zu Beginn des Krieges geboren, und obwohl ich mich nicht daran erinnere, spielten die Nachwirkungen eine große Rolle in meiner frühen Kindheit.

Für die Königin war es zudem äußerst erfreulich, viele ihrer angeheirateten Verwandten zum ersten Mal zu treffen. Sie hatte so viel über sie und ihre Häuser gehört, dass es sehr lohnend für sie war, diese Verwandten und Orte persönlich kennenzulernen. Ich bin sicher, dass auch Prinz Philip es genossen hat, ihr all das vorzustellen.

Das erste Bankett fand, glaube ich, im Petersberg in Bonn statt, wo wir wohnten. Dort kamen viele Familienmitglieder zusammen, sowohl privat als auch beim Bankett, zu dem viele von ihnen eingeladen waren. Ich denke, es muss für alle sehr emotional gewesen sein. Ich hatte Prinz Philips Familie, Prinzessin Margarita und Prinzessin Sophie, bereits kennengelernt, als sie in unser Land kamen, ebenso wie ihre Mutter, die den letzten Teil ihres Lebens im Buckingham Palace verbrachte. Ansonsten kannte ich damals den Rest von Prinz Philips Verwandtschaft nicht. Später reiste ich mit Prinzessin Anne nach Deutschland zurück und traf damals viele ihrer Verwandten. In den späten 1960er-Jahren waren wir in Langenburg und Zwingenberg zu Gast.

Nach dem Staatsbesuch von 1965 kursierte in Deutschland ein Gerücht, dass Ihre Majestät bei ihrem Besuch in Marbach am Neckar – der Geburtsstadt des berühmten Dichters Friedrich Schiller – einen Moment der Enttäuschung empfunden habe, weil sie geglaubt habe, dort auch das berühmte Landgestüt Marbach zu finden. Ich habe jedoch nie gehört, dass die Königin enttäuscht war, das Nationalgestüt während ihres Besuchs in Marbach nicht sehen zu können – weder zu diesem Zeitpunkt noch später. Ihre Majestät war stets eng in die Planung der Staatsbesuche eingebunden, ebenso wie Prinz Philip, und sie machten oft Vorschläge für die Reiseroute. Das Programm wurde immer von der Königin genehmigt.

Lady Susan Katharine Hussey,
Baroness Hussey of North Bradley

Baronesse Susan Hussey of North Bradley, Jahrgang 1939, war 62 Jahre lang als Kammerfrau und erste Hofdame die engste Vertraute von Queen Elizabeth II. Sie ist Taufpatin von Prinz William und wurde nach dem Tod von Queen Elizabeth II. zur Lady of the Household ernannt. Ihre Tochter Katherine Brooke ist heute Queen's Companion von Queen Camilla.

Introduction

In 1960, I joined the Royal Household as Lady-in-Waiting to The Queen. My role as Lady-in-Waiting on State visits, as in general, was to help with the entertaining of guests (both Official and Private) write a lot of her correspondence, liaise with her Dresser about clothes, KNOW THE PROGRAMME BACKWARDS!!, help to defend her from »pushy« people, be with her on engagements and travel in the car with her if HRH wasn't with her. In general, to try and be helpful and not get in the way! It was a very long learning process and even after 62 years as her Lady-in-Waiting I was still learning! She was of course the most marvellous Boss and taught me so much.

The state visit to West Germany was my first state visit abroad. I kept records of the many visits overseas that I made with Her Majesty, firstly by means of long letters to my husband or to my mother, which they kept and later returned to me. Sometimes I would write a description of a place I went to and of the people I met there, or of some highly significant event or conversation. I never kept a diary.

The journey through Germany by train was an exciting, comfortable, and interesting experience! Elizabeth Leicester and I had adjoining »suites« and had a bathroom! Most luxurious. We both took a ladies maid with us to look after our clothes, and they were accommodated with a lot of other staff valets, police and secretaries on this immensely long train. Elizabeth was about the same age as my own mother and I loved her. She was very motherly to me throughout that visit!

I remember the large crowds in Stuttgart and that the visit to Salem felt more formal than those to Wolfsgarten and Langenburg. The visit to Schwäbisch Hall stands out in my memory primarily because of the huge crowd in quite a confined space. I was also (much to my surprise!) told about the manufacture of salt in Schwäbisch Hall. The visit to Germany was seen in the United Kingdom as an act of reconciliation after the two world wars and in the UK it was seen as probably the most important State Visit HM had so far made, as there hadn't been one to Germany since before the First World War. On arrival at Bonn in a Queen's Flight plane, quite small by today's standards, we were met by the President and Mrs Lübke and I remember feeling that it was strange and rather awe-inspiring to be setting foot on German soil! I had been born at the beginning of the War and though I don't remember it, the aftermath played a large part in my early childhood.

For The Queen to meet and see a great many of her in-laws for the first time, was extremely pleasing to her and for us. She had heard so much about them and their houses, so to see these relations and places for the first time was very rewarding for her. And I am sure for Prince Philip introducing it all to her too.

The first banquet was I think at the Petersburg in Bonn, where we stayed and that is where a lot of the family came to see her (both privately) and at the banquet there, to which a lot of them were invited. It must have been emotional I think for all of them. I had met Princess Margarita and Princess Sophie when they came to this country, and of course their mother, who stayed at Buckingham Palace for the last part of her life. I don't think otherwise at that time I knew the rest of Prince Philips relations. I went back to Germany later with Princess Anne and met a lot of her relations then. We stayed at both Langenburg and Zwingenberg in the late 1960s. After the 1965 state visit, a rumor circulated in Germany that Her Majesty may have felt a moment of disappointment during her visit to Marbach am Neckar—the birthplace of the famous poet Friedrich Schiller—because she believed it was also home to the famous state stud farm Marbach. I never heard anything about The Queen being disappointed about not seeing the National Stud during her visit to Marbach, either at the time or later. HM was always intimately involved with the planning of State Visits, as was Prince Philip, and they often used to make suggestions about the itinerary. The programme was always approved by The Queen.

Ein langes Ringen

Mit dem Inkrafttreten des Deutschlandvertrags am 5. Mai 1955 und dem damit verbundenen Wegfall fast aller Beschränkungen, welche die Besatzung nach dem 2. Weltkrieg mit sich brachte, konnte die junge Bundesrepublik endlich mit der Planung und Durchführung erster offizieller Auslandsreisen beginnen. Ganz oben auf der Wunschliste der zu besuchenden Länder stand Großbritannien.

Hans von Herwarth, seinerzeit bundesdeutscher Botschafter in London, machte sich gleich daran, diesen Wunsch zu übermitteln. Allerdings erfolglos. Erst nach dem britischen Regierungswechsel und dem neuen Premierminister Harold Macmillan änderte sich das Verhältnis zwischen beiden Ländern. So gelang es, 50 Jahre nach Kaiser Wilhelm II., der 1907 als letztes deutsches Staatsoberhaupt einen offiziellen Staatsbesuch in London abgestattet hatte, einen neuen Anlauf zu nehmen.

Am 20. Oktober 1958 wurde Bundespräsident Theodor Heuss durch Queen Elizabeth II. an der Victoria Station empfangen und mit der Kutsche zum Buckingham Palace gebracht. Das weitere Programm des Tages sah eine Kranzniederlegung am Grabmal des unbekannten Soldaten in der Westminster Abbey, einen Besuch bei der Königinmutter und einen Empfang im St. James's Palace vor. Der Abend wurde mit einem prunkvollen Staatsbankett im Buckingham Palace beschlossen. Auch das Programm des zweiten Tages war durchaus prunkvoll: Empfang des Diplomatischen Korps im Buckingham Palace, Bankett der City of London in der Guildhall, Abendessen und Empfang in der Botschaft. Am dritten Tag reiste Heuss nach Cambridge und Oxford und nahm am Empfang der Regierung im Lancaster House teil. Abgerundet wurde der Besuch am vierten Tag durch die Verabschiedung der Queen und die anschließende Heimreise.

Dieser Staatsbesuch wurde nur teilweise als Erfolg gewertet, was Heuss dazu veranlasste, in seiner Neujahrsansprache am 31. Dezember 1958 darauf zu sprechen zu kommen. So bat er am Ende seiner Rede um ein paar Worte in eigener Sache. Seine Staatsbesuche in den USA, Kanada und Großbritannien seien für das Vaterland nicht nutzlos gewesen. In London habe er viel Wärme seitens der königlichen Familie, der Mitglieder der Regierung, aber auch vom Mann auf der Straße erfahren. Er sprach dies an, da er fand, es sei ihm »ein Gebot des Anstandes und der Dankbarkeit«, da die Presse teilweise »völlig schiefe Kommentare« dazu abgegeben habe.

Von nun an war es ein großes Anliegen der bundesdeutschen Regierung, die Briten und damit natürlich die Queen für einen Gegenbesuch in Deutschland zu empfangen.

Sieben Jahre kämpften Botschafter, Außenminister, Bundeskanzler und -präsidenten dafür, bis endlich im Mai 1965 das britische Königspaar für einen der prunkvollsten, aufwendigsten und erfolgreichsten Staatsbesuche der bundesdeutschen Geschichte auf deutschem Boden landete.

Ankündigung einer Reise

In meiner Vorstellung steht Elizabeth II. im Herbst 1964 an ihrem Schreibtisch im Buckingham Palace. Zwölf Jahre sitzt sie jetzt auf dem Thron und ist noch keine vierzig Jahre alt. Ihr jüngster Sohn Edward wurde erst vor wenigen Monaten geboren. Ihr Blick streift über den im Londoner Regen und Nebel fast mystisch wirkenden Park vor ihrem Fenster.

Es klopft, und ihr Privatsekretär Sir Michael Adeane tritt ein. Adeane bringt nicht nur die erste wichtige Post des Tages mit sich, sondern stellt auch den mittlerweile fast sagenumwobenen roten Koffer, die sogenannte »red box«, auf dem Schreibtisch der Königin ab. Die »red box«, heute bekannt aus zahllosen Dokumentationen und Verfilmungen wie »The Crown«, enthält die offiziellen Papiere der Regierung: zu unterzeichnende Gesetze, Briefe, Mitteilungen, Informationen aller Art. Königin und Sekretär gehen die wichtigsten Punkte des Tages durch, bevor die pflichtbewusste Monarchin an ihrem Schreibtisch Platz nimmt und sollte man den fiktiven Abläufen aus »The Crown« glauben, den Inhalt der »red box« einmal wendet, da die Regierung in der Hoffnung, dass sie so untergehen könnten, die unangenehmen oder heiklen Dinge unter den weniger bedeutsamen vergräbt.

Nun, an diesem sich in meiner Vorstellung abspielenden Tag, blättert sich die Queen Mappe für Mappe, Blatt für Blatt, durch die Dokumente ihrer Regierung und stößt dabei, wie schon häufig in den Jahren zuvor, auf Protokolle zu einem möglichen Staatsbesuch in Deutschland. Doch diesmal ist der Plan nicht abgelehnt, diesmal soll der Einladung der deutschen Bundesregierung entsprochen werden. Sie und Philip sollen im nächsten Jahr nach Deutschland reisen.

Einige Stunden später, immer noch in meiner Vorstellung, beim familiären Lunch, weiht die Queen ihren Gatten in die ersten groben Pläne ein. Prince Philip sitzt da schon auf gepackten Koffern; er reist noch an diesem Tag zu seiner Familie nach Deutschland. Seine drei Schwestern leben alle dort, und diese sowie deren Familien besucht er jährlich, so auch in diesem Jahr zur Jagd. Mit solchen Neuigkeiten im Gepäck werden die Gespräche diesmal sicher einen neuen Schwerpunkt erhalten.

Wie die Queen, Prince Philip und auch die deutschen Verwandten wirklich von den Plänen erfahren haben, konnten bisher keine Aufzeichnungen belegen.

Während nun im Hintergrund die Fäden gesponnen, die Routen gelegt und die Reise geplant wird, bringen die Queen und Prince Philip ihre Wünsche zu privaten Familienbesuchen ein. Elf Tage umfasst das Programm und da bieten Verschnaufpausen außerhalb des Protokolls willkommene Gelegenheiten.

Bei einer Pressekonferenz im Schwäbisch Haller Hotel Adler wusste laut Haller Tagblatt vom 19. Mai 1965, der Schwäbisch Haller Oberbürgermeister Hartmann zu berichten, dass er am 18. Januar desselben Jahres durch den Protokollchef des Staatsministeriums erfahren habe, dass ein Besuch im Schwäbisch Hall »eingeplant« sein. Die Idee dazu stamme wohl von einer Mitarbeiterin der britischen Botschaft, die Schwäbisch Hall bei den Freilichtspielen kennen und schätzen gelernt habe. Diese Information wurde allerdings noch unter dem Siegel der Verschwiegenheit übermittelt. Etwa zur gleichen Zeit wird wohl auch in Langenburg ein Anruf eingegangen sein.

Die Fränkische Landeszeitung vom 20. Februar 1965 schreibt: »Die Nachricht geistert seit einigen Tagen durch den Blätterwald. Eine Bestätigung ist noch nirgends zu bekommen, wohl sie immer mehr an Wahrscheinlichkeit gewinnt«.

Die deutsche Öffentlichkeit wird nach und nach über die anstehenden Ereignisse informiert. Der Zeitpunkt der Reise ist früh bekannt, die einzelnen Stationen lange ein Geheimnis. In Presseankündigungen, Fernsehbeiträgen und nicht zuletzt in Bürgerversammlungen wird nach und nach im Frühjahr 1965 das Programm enthüllt.

Das Langenburger Amtsblatt vom 30. April 1965 wiederholt noch einmal den Aufruf des Bürgermeisters bei der vorangegangenen Bürgerversammlung:

Liebe Langenburger Mitbürger,

Wir haben die Ehre, dass am Montag, 24. Mai 65, die englische Königin und ihr Gemahl fünf Stunden lang in unsren Mauern weilen. Sicherlich werden Hunderte von Reportern aus diesem Anlass kommen. Wir müssen alles tun, um an diesem Tage unsere Stadt so zu schmücken, daß es eine Freude ist, sie anzusehen und zu fotografieren.

Deshalb bitte ich alle Mitbürger, ihre Grundstücke, auch die in den Nebenstraßen, sauber zu machen.

Die Bewohner der Hauptstraße bitte ich, die Häuser am 24. zu beflaggen, und zwar vom Schloss bis zum Bahnhof. Wenn außerdem noch an den Häusern Fähnchen und Zweig-, Blumen- oder Girlandenschmuck angebracht werden, so begrüßen wir das.

Da die Gäste um 23 Uhr zur Bahn fahren, würde es sich schön machen, wenn an den Fenstern Gelatinetulpen mit Hindenburglichtern brennen.

Treffen Sie die Vorbereitungen schon jetzt. Bestellen Sie ihren Bedarf bei den Geschäften.

Ich bitte alle dabei mitzuwirken, daß Langenburg bei diesem Anlass gut abschneidet.

Das genaue Programm wird noch bekannt gegeben.

Ihr Bürgermeister Gronbach

Das Programm des Staatsbesuchs ist lang und vielfältig, 172 Programmpunkte reihen sich aneinander. Über 3.000 km wird das königliche Paar durch die ganze Bundesrepublik reisen. Es wird der längste und teuerste Staatsbesuch in Deutschland aller Zeiten sein.

65 Kostüme und viel Regen

Dienstag, 18. Mai 1965

Bundespräsident Lübke, Bundeskanzler Erhard und die gesamte Bundesregierung finden sich auf dem roten Teppich am Flughafen Köln/Bonn ein, um die Maschine ihrer Majestät Königin Elizabeth II. und Seiner Königlichen Hoheit Prince Philip, Duke of Edinburgh in Empfang zu nehmen.

Es regnet wie aus Kübeln und die Vorbereitungen für die Ankunft verlangen dem Protokoll, dem Musikkorps und Ehrenformationen der Bundeswehr, aber auch der Presse und den Schaulustigen einiges ab. Wenige Minuten vor der Landung der Andover reist dann der Himmel auf und bereitet dem Paar einen sonnigen Empfang.

Das Paar wird mitsamt Gefolge von den höchsten Repräsentanten der Bundesregierung empfangen und mit militärischen Ehren begrüßt. Nach dem Spiel der Nationalhymnen und der Inspektion der Ehrenformation besteigen die Queen und Prince Philip die ihnen bereitgestellte Staatskarosse und fahren an tausenden mit deutschen und britischen Papierfähnchen schwingenden Schaulustigen vorbei zum Petersberg.

Das auf dem Petersberg stehende Hotel wurde immer wieder als Gästehaus der Bundesregierung angemietet. Für den Besuch der Queen wurde es zur Residenz auf dem Petersberg. Ein ganzer Flügel wurde eigens für diesen Anlass umgebaut und die prestigeträchtige Suite 109 mit ihrem fantastischen Blick wurde für eine kurze Zeit die deutsche Heimstatt der Königin.

Schon am Tag zuvor war die umfangreiche Garderobe der Königin dort angeliefert worden. 65 Kostüme und Ensembles, 10 Abendkleider und eine Staatsrobe wurden zu Vorboten dieses farbenprächtigen Staatsbesuches.

Nach einer kurzen Verschnaufpause wurde schon zum Empfang des Bundespräsidenten in der Villa Hammerschmidt geladen.

Die Villa diente ab 1950 als Amts- und Wohnsitz des Bundespräsidenten, bevor sie 1994 von Schloss Bellevue abgelöst wurde. Diese klassizistische Villa am Rheinufer befindet sich in direkter Nachbarschaft zum Palais Schaumburg, dem Bonner Amtssitz des Bundeskanzlers.

Eine Stunde plauderten die Paare, tauschten Geschenke aus und zogen sich dann in Vorbereitung für den großen Staatsempfang am Abend in ihre Residenzen zurück.

Im Schloss Augustusburg in Brühl, einer ehemaligen Residenz der Kölner Fürstbischöfe, fanden zwischen 1949 und 1996 die Staatsempfänge der deutschen Bundespräsidenten statt. So wurde auch am Abend des 18. Mai 1965 zum großen Staatsempfang für die Queen und Prince Philip geladen. 2.500 Gäste legten ihre feinsten Zwirne an, schmückten sich mit Orden und Diademen und hofften hier und da einen Blick auf das hohe Paar werfen zu können oder vielleicht sogar das ein oder andere Wort des Grußes an die Königin zu richten.

Ebenfalls auf Schloss Augustusburg fand um 19.30 Uhr ein Abendessen für 150 Personen statt. Zu den Gästen des Abends zählte auch die deutsche Verwandtschaft des Königspaares.

Höhepunkt des Abends war der Große Zapfenstreich im Garten des Schlosses, welchem die Gäste von der Terrasse gebannt folgten.

Der Auftakt war damit gelungen und die Bundesregierung hatte Stunden an schillerndem Film und Bildmaterial für die Fernseh- und Zeitungsberichte, die Vorfreude auf Besuche an Orten in ganz Deutschland stieg enorm.

*On the occasion of the State Visit of
Her Majesty Queen Elizabeth II
and His Royal Highness The Prince Philip, Duke of Edinburgh
The British Ambassador
is commanded by The Queen to invite*

H.R.H. Princess Margarita of Hohenlohe-Langenburg

*to a Reception in honour of
Their Excellencies the President of the Federal Republic of Germany and Frau Lübke
on Wednesday, the 19th of May, 1965 at 9.30 p m
at the Petersberg*

*A reply is requested to
The Social Secretary,
British Embassy, Bonn*

*Dress: White Tie or Uniform
with Decorations*

DER BUNDESPRÄSIDENT UND FRAU LÜBKE
BITTEN
ZU EHREN IHRER MAJESTÄT KÖNIGIN ELIZABETH II.
UND SEINER KÖNIGLICHEN HOHEIT
PRINZ PHILIP, HERZOG VON EDINBURGH

I.K.H. Fürstin Margarita zu Hohenlohe-Langenburg

ZU EINEM EMPFANG IM SCHLOSS AUGUSTUSBURG, BRÜHL
AM DIENSTAG, DEM 18. MAI 1965, UM 21.30 UHR.

ANTWORT AUF BEILIEGENDER
KARTE BIS 15. APRIL 1965 ERBETEN.

FRACK/ORDEN
DIPLOMATENUNIFORM

Frau Wilhelmine Lübke
Bonn

28.Mai 1965

Verehrte, gnädige Frau!

Nachdem der Staatsbesuch der Königin und meines
Bruders - und in seinem Rahmen unsere Familien-
treffen in Salem und Langenburg - vorüberge-
gangen sind, möchte ich nicht versäumen, Ihnen und
dem Herrn Bundespräsidenten meinen aufrichtigen
Dank zu sagen für die freundlichen Einladungen
in das Schloss Augustusburg in Brühl am 18.Mai.
Ich habe das Diner und den festlichen Empfang
sehr genossen und der anschliessende Grosse Zapfenstreich hat mich sehr beeindruckt. Es hat mich
sehr gefreut, dass ich an diesem Abend auch anwesend
sein konnte.

Mit freundlichen Grüssen an Sie und den Herrn Bundespräsidenten

Margareta Fürstin z. H. L.

Verschnaufpause für die Queen

Samstag, 22. Mai 1965

Vier Tage voller Programm hatten die Queen und Prince Philip nach dem Rheinland in den deutschen Süden nach München gebracht. In München war es auch, wo eine Schallplatte mit dem Titel »Queen Elizabeth, Queen Elizabeth! Ja, du bringst uns heut das Märchen der Wirklichkeit« auf den Markt kam. Musik und Text stammen von Karl Götz und Kurt Herta und wurden vom Pappert-Chor interpretiert. Damit auch Prince Philip sich nicht zurückgesetzt fühlte, war auf der B-Seite der Prinzenwalzer zu hören. Doch in München spielte man von offizieller Seite neben den Nationalhymnen lieber die Hymne des Bayrischen Freistaates. Auch wenn das Spielen der Bayernhymne vor allem Bundespräsident Lübke verärgerte, da es absolut gegen das Protokoll und den abgesprochenen Ablauf des Empfanges war. Nach Trachtenempfängen, Museumsbesuch, Reitdressur und Rosenkavalier in der Staatsoper fährt das Paar im Sonderzug nach Salem. Eine ganz private Ruhepause soll über das Wochenende 22. und 23. Mai im Kreis der Familie verbracht werden.

Am Morgen des 22. Mai um 10 Uhr traf der Sonderzug aus München kommend am Bahnhof von Salem ein, dort wurden die Queen und Prince Philip von dessen Schwester Theodora, Markgräfin von Baden und Familie in Empfang genommen und in einer offenen Kutsche zum Schloss gebracht. Die Gruppe wurde von weiteren Verwandten aus den Häusern, Baden, Hessen, Hohenlohe und Hannover empfangen, um die kommenden zwei ganz privaten Tage zur Erholung und zum familiären Austausch zu nutzen.

Während des Aufenthaltes bewohnten die Queen und Prince Philip den linken Flügel des Schlosses und konnten daher aus ihrem Fenster die in voller Blüte stehenden Obstplantagen bestaunen. Obwohl laut Haller Tagblatt vom 24. Mai 1965 ein Hellseher das Landeskriminalamt in Kenntnis gesetzt hatte, dass der Königin an diesem Wochenende keine Gefahr drohe, waren an die einhundert Beamte im Einsatz, um die Sicherheit der hohen Gäste zu gewährleisten. Der private Charakter des Aufenthaltes wurde stets aufrechterhalten, doch blieben die kleinen Ausflüge der Gesellschaft nie ganz unbemerkt, da sich fast ständig interessierte Bürger und Pressevertreter in der Nähe des Schlosses bereithielten. Das königliche Gefolge war zum größten Teil in Bad Schachen am Bodensee untergebracht. Da auch die zahlreichen deutschen und britischen Sicherheitsbeamten untergebracht werden mussten, wurde so manchem Journalisten die Hotelreservierung wieder aufgekündigt.

Unterdessen liefen die Vorbereitungen in Stuttgart, Marbach, Schwäbisch Hall und Langenburg auf Hochtouren. Der Stuttgarter Bahnhof wurde auf Hochglanz gebracht und mit 100 Lorbeerpflanzen geschmückt, die den Weg vom Gleis zum Ausgang säumen sollten. Eigens in einer Neu Ulmer Helmfabrik angefertigte Tschakos wurden an die Stuttgarter Polizei ausgegeben, süffisant heißt es in einer Sendung der SWR Abendschau, dass Stahlbarrieren zur Abtrennung in einer Ludwigsburger Staatspension, also einem Gefängnis, angefertigt wurden.

Die Auffahrt vor dem Neuen Schloss in Stuttgart wurden für den Staatsbesuch frisch geteert und im Inneren des Schlosses wurden ein Aufenthaltsraum mit eigenem Badezimmer für die Königin eingerichtet. Die Fliesen in Hellblau, der vermeintlichen Lieblingsfarbe der Königin.

Auch auf dem Stuttgarter Fernsehturm erwartet man aufgeregt den Besuch der Staatsgäste, probte jede noch so kleine Kameraeinstellung und sogar den Eintrag in das Goldene Buch.

Das Schillerstädtchen Marbach putzt sich heraus. Das Geburtshaus Schillers wird renoviert und die Schillerausstellung auf Hochglanz gebracht. Da schrickt die deutsche Protokollabteilung plötzlich auf, in den Vitrinen ein Bändchen mit Stichen aus dem 17. Jahrhundert, diese zeigen die Enthauptung Maria Stuarts. Kann der Königin, einer direkten Nachfahrin der legendären schottischen Königin, eine solche Brutalität zugemutet werden? Nach Rücksprache mit der britischen Botschaft kann das Bändchen in der Ausstellung verbleiben und das Protokoll aufatmen.

Auch Schwäbisch Hall möchte sich von seiner besten Seite zeigen, das historische Katzenkopfpflaster auf dem Marktplatz vor dem Rathaus wird durch ein Pflaster aus Basalt ersetzt, um mögliche Stolperfallen zu vermeiden und eine Reinigungsbrigade nimmt sich jedem Winkel im Inneren und Äußeren des historischen Bauwerks an, auch einige Instandsetzungsarbeiten werden vorangetrieben, allerdings, so damals Oberbürgermeister Hartmann im Haller Tagblatt vom 19. Mai 1965, seien diese Arbeiten nicht nur aufgrund des königlichen Besuches zustande gekomen, diese wären sowieso angestanden und seien aufgrund des Besuches vorverlegt worden.

In Langenburg treibt man nicht nur den Wiederaufbau des Schlosses zügig voran – der barocke Ostflügel und weite Teile des Nordflügels dieses bereits zur Renaissance entstanden Schlosses wurden in Folge eines schweren Feuers im Januar 1963 fast vollständig zerstört – für den Besuch der Königin lässt man einige Gebäude in der Stadt beleuchten.

Am 23. Mai 1965 um 23 Uhr verlassen die Queen und Prince Philip die Familie in Salem, um die Nacht in ihrem Sonderzug in Richtung Stuttgart zu verbringen.

Doch was steht überhaupt im Ablaufplan für diesen für Baden-Württemberg besonderen Tag, dem 24. Mai 1965?

Das Programm in Baden-Württemberg

Montag, 24. Mai 1965

10.00 Uhr

Ankunft I.M. Königin Elizabeth II. und S.K.H. Prinz Philip, Herzog von Edinburgh, auf dem Hauptbahnhof Stuttgart

Zur Begrüßung sind anwesend

von bad.-württ. Seite
- Der Herr Ministerpräsident des Landes Baden-Württemberg
- Frau Kiesinger
- Der Präsident des Landtags von Baden-Württemberg Hr. Dr. Gurk
- Frau Gurk
- Der Oberbürgermeister der Stadt Stuttgart Dr. Klett
- Frau Klett
- Der Leiter der Protokollabteilung des bad.-württ. Staatsministeriums Ministerialrat Muff
- Frau Muff

von britischer Seite
- ~ Der Königlich Britische Generalkonsul in Baden-Württemberg, Herr Heppel, CMG
- ~ Frau Heppel
- ~ Der Indische Generalkonsul in Stuttgart, Dr.Ing. Rudolf Kissel.

Das Musikkorps der Stuttgarter Polizei spielt die Nationalhymne. Eine Ehrenhundertschaft der Bereitschaftspolizei ist angetreten.

10.10 Uhr
- ~ Abfahrt vom Hauptbahnhof zum Neuen Schloss; Wagenfolge Nr. 1

10.20 Uhr
- ~ Ankunft im Neuen Schloss – Weißer Saal.
- ~ Vorstellung der Mitglieder der Landesregierung, der Vizepräsidenten und der Fraktionsvorsitzenden des Landtags

10.55 Uhr
- ~ Abfahrt vom Neuen Schloss zum Fernsehturm; Wagenfolge Nr. 2

11.20 Uhr
- ~ Ankunft beim Fernsehturm
- ~ Begrüßung I.M. Königin Elizabeth II. und S.K.H. Prinz Philip, Herzog von Edinburgh, durch den Oberbürgermeister der Stadt Stuttgart, Herrn Dr. Klett und Frau Klett

- Eintrag in das Goldene Buch der Stadt Stuttgart
- Rundblick über die Stadt Stuttgart mit Erläuterungen über den Aufbau und künftige Stadtplanung durch Oberbürgermeister Dr. Klett

12.00 Uhr
- Abfahrt vom Fernsehturm zum Neuen Schloss; Wagenfolge Nr. 3

12.25 Uhr
- Ankunft im Neuen Schloss – Mittelbau.
- Frühstück zu Ehren I.M. Königin Elizabeth II. und S.K.H. Prinz Philip, Herzog von Edinburgh, gegeben vom Herrn Ministerpräsidenten des Landes Baden-Württemberg und Frau Kiesinger im Neuen Schloss

14.35 Uhr
- Abfahrt vom Neuen Schloss nach Marbach/N; Wagenfolge Nr. 4

15.30 Uhr
- Ankunft in Marbach/N. – Schiller-Nationalmuseum
- Begrüßung I.M. Königin Elizabeth II. und S.K.H. Prinz Philip Herzog von Edinburgh, durch den Präsidenten der Deutschen Schillergesellschaft, Herrn Dr. Hoffmann
- Es spielt zu Beginn das Stuttgarter Kammerorchester unter Leitung von Professor Karl Münchinger
- Rundgang durch das Museum

16.00 Uhr

~ Abfahrt vom Schiller-Nationalmuseum zum Geburtshaus Friedrich von Schillers; Wagenfolge Nr. 5

16.05 Uhr

~ Ankunft im Geburtshaus Schillers.
~ Begrüßung I.M. Königin Elizabeth II. und S.K.H. Prinz Philip Herzog von Edinburgh, durch den Bürgermeister der Stadt Marbach, Herrn Zanker
~ Besichtigung des Hauses

16.15 Uhr

~ Abfahrt von Marbach/N. Nach Schwäbisch Hall; Wagenfolge Nr. 6

17.10 Uhr

~ Ankunft im Rathaus Schwäbisch Hall
~ Begrüßung I.M. Königin Elizabeth II. und S.K.H. Prinz Philip Herzog von Edinburgh, durch den Oberbürgermeister der Stadt Schwäbisch Hall, Herrn Hartmann und Frau Hartmann.
~ Vorführung traditioneller Tänze durch Trachtengruppen

17.45 Uhr

~ Der Herr Ministerpräsident des Landes Baden-Württemberg und Frau Kiesinger, sowie der Oberbürgermeister der Stadt Schwäbisch Hall Herr Hartmann und Frau Hartmann verabschieden sich von I.M. Königin Elizabeth II. und S.K.H. Prinz Philip, Herzog von Edinburgh.

17.50 Uhr
Abfahrt vom Rathaus Schwäbisch Hall nach Langenburg; Wagenfolge Nr. 7

18.20 Uhr
~ Ankunft in Langenburg
~ Privates Abendessen

23.00 Uhr
~ Abfahrt I.M. Königin Elizabeth II. und S.K.H. Prinz Philip, Herzog von Edinburgh, mit Sonderzug vom Bahnhof Langenburg nach Köln

**QUEEN ELIZABETH
PRINZEN-WALZER
PAPPERT-CHOR**

DV 14350

Mit Fingerle und Wibele – Die Vorbereitungen in Schwäbisch Hall und Langenburg

Nur 40 Minuten ist für den Stopp des königlichen Besuchs in Schwäbisch Hall eingeplant. Eine kurze Zeitspanne, um sich nicht nur der Queen und Prince Philip, sondern aufgrund des hohen Medienechos, der ganzen Welt zu präsentieren.

Wochenlange Beratungen in öffentlicher und nicht-öffentlicher Sitzung, Besprechungen im Staatsministerium, in der Villa Reitzenstein in Stuttgart, Termine mit dem Landratsamt, Vereinsvorständen und Protokollabteilungen reihten sich aneinander bis Programm, Präsente und Reden ausgearbeitet waren.

Die finalen Pläne wurden dann durch die Schwäbisch Haller Bürgermeister während einer Pressekonferenz im Hotel Adler der Öffentlichkeit präsentiert.

Das königliche Paar soll um 17.10 Uhr in Begleitung des baden-württembergischen Ministerpräsidenten in Schwäbisch Hall vor dem Rathaus vorfahren. Dort werden die Gäste von Oberbürgermeister Hartmann und Landrat Dr. Biser begrüßt. Dann wird der Oberbürgermeister einige Worte in deutscher Sprache an die Königin richten und ihr einen Zinnteller und ein Salzfass – sowie als Symbol der Gastfreundschaft und als Zeichen des Friedens – Brot und Salz überreichen. Der Teller zeigt eine Aufnahme in Gravur nach Paul Swiridoff von St. Michael mit der Freitreppe und Teilen des Marktplatzes. Auf dem Tellerrand steht ebenfalls graviert »Natur hat diese Stadt gewiegt und Kunst sie gebildet« – ein Zitat von Ricarda Huch. Auf dem Salzfässchen ist das Wappen der Stadt Schwäbisch Hall, wie auch das Datum des Besuchs (24. Mai 1965) eingraviert.

Getragen werden die Geschenke vom 2. Hofburschen des Großen Siederhofs Karl Kurtenbach und seiner Siederin.

Danach begibt sich die Königin durch das Rathaus auf den Balkon, um den Vorführungen auf dem Marktplatz zu folgen.

Dort werden die Haller Sieder – nach einer kurzen Anrede durch den 1. Hofburschen –, die Schäfer aus Markgröningen und eine Gruppe aus St. Märgen im südlichen Hochschwarzwald ihre Tänze zum Besten geben. Die Sieder führen einen Zunfttanz auf, die Markgröninger Schäfer haben ihren Schäfertanz von 16 auf 10 Minuten gekürzt und tanzen diesen erstmals in ihrer Geschichte in Schwäbisch Hall. Auch der Fingerlestanz der Gruppe aus St. Märgen, ein bäuerlicher Volkstanz im Stil einer Mazurka, wird sonst nur lokal bei Hochzeiten, Taufen und ähnlichen Festen getanzt.

Um 17.40 endet dieser Programmpunkt, man hofft, dass die Königin sich noch in das Goldene Buch der Stadt einträgt, bevor sie weiter nach Langenburg fährt.

STAATSMINISTERIUM
Baden-Württemberg

Stuttgart, den 11. Mai 1965
Richard-Wagner-Straße 15

Herrn
Bürgermeister Gronbach

<u>7183 L a n g e n b u r g</u>

Betr.: Staatsbesuch der britischen Königin
in Baden-Württemberg am 24. Mai 1965

In Bestätigung der fernmündlichen Unterrichtung wird mitgeteilt, daß am Freitag, dem 14. Mai 1965 um 14.30 Uhr im Staatsministerium (Villa Reitzenstein) in Stuttgart eine abschließende Besprechung über die Durchführung des Staatsbesuchs I.M.Königin Elizabeth II in Baden-Württemberg am 24. Mai 1965 und die dabei erforderlichen Maßnahmen stattfindet. Zu dieser Besprechung werden Sie hiermit eingeladen.

(Muff)
Ministerialrat

Um die Stadt und die Region aber besonders schön und vielseitig zu präsentieren, haben die Haller auch zahlreiche andere Trachtengruppen eingeladen. Diese kommen aus dem Markgräflerland, dem Glottertal, Eltztal, Gutachtal und Kinzigtal in Baden, aus Schwenningen, Zimmern, Dornhan, Klosterreichenbach, Wildberg in Württemberg. Ebenso macht die Fränkische Familie aus Crailsheim der Königin ihre Aufwartung.

Bereits ab 15.30 Uhr wird die Jugendkapelle aus Aalen in historischen Uniformen die Wartenden unterhalten und die Abfahrt der Königin musikalisch umrahmen.

Man hofft 7.000–8.000 Besucher auf dem Marktplatz unterbringen zu können, auch wenn eine Tribüne für 160 Pressevertreter einiges an Raum in Anspruch nehmen wird.

Im Ganzen rechnet die Stadt Schwäbisch Hall im Vorfeld mit etwa 40.000 Besuchern, was eine gut geplante Park- und Verkehrsführung erfordert.

So steht der Haalplatz der Presse und den Trachtengruppen zur Verfügung. Die Ehrengäste dürfen auf dem Holzmarkt parken. Auf den Weidewiesen werden Busparkplätze ausgewiesen. Auf der Stadtheide stehen die Parkplätze für Besucher aus Richtung Stuttgart und Heilbronn bereit. Besucher aus Richtung Öhringen, Künzelsau, Bad Mergentheim dürfen auf dem Gelände der Diakonissenanstalt parken und Besucher aus Richtung Gaildorf, Aalen, Schwäbisch Gmünd sind angehalten, auf der Tullauer Höhe ihre Fahrzeuge abzustellen. Kommt man aus der Ecke Ellwangen und dem Bühlertal so parkt man auf dem Schenkenseeparkplatz und in der Kreuzäckersiedlung, wenn man aus Crailsheim kommt. Die Landespolizei sowie besondere Ordner stehen bereit, um den Verkehr zu regeln.

Da die Zufahrt für den Konvoi der königlichen Gäste freigehalten werden muss und beizeiten abgesperrt ist, muss Parken auf diesen Wegen streng untersagt bleiben.

Der Konvoi kommt von Marbach/N. Über Rielingshausen, Großaspach, Strümpfelbach, Oppenweiler, Sulzbach (Murr), Großerlach, Mainhardt, Bubenorbis, Michelfeld, nach Schwäbisch Hall. In Schwäbisch Hall fährt der Konvoi über die Heimbacher Gasse, die Neue Straße, Am Markt zum Marktplatz.

Die Abfahrt erfolgt über die Marktstraße, Säumarkt, Gymnasiumstraße, Langer Graben, Heilbronner Straße nach Gelbingen und dann weiter über Untermünkheim, Enslingen, Geislingen (Kocher), Braunsbach, Orlach, Nesselbach, Bächlingen nach Langenburg.

Die Haller Innenstadt ist am 24. Mai ab 14 Uhr komplett für den Autoverkehr gesperrt.

Entlang der Fahrstrecken kann man sich zum Beobachten des Konvois aufstellen, ab 16 Uhr dürfen die Fahrbahnen allerdings nicht mehr überquert werden. Um zu großes Gedränge auf dem Marktplatz zu vermeiden, berichtet Oberbürgermeister Hartman auch, dass man entlang der Fahrstrecke die Königin gut sehen könne, da der Konvoi mit mäßigem Tempo fahre und bei entsprechendem Wetter auch eine Fahrt mit offenem Dach vorgesehen sei.

Ab 14 Uhr finden auf dem Marktplatz auch die Hauptproben der Tanzgruppen statt. Diese müssen zeitlich besonders gut getaktet sein, da das kurze Zeitfenster keine großen Verzögerungen zulässt. So darf beispielsweise der Flößertanz nur 5 und der Siedertanz nur 10 Minuten dauern.

Abschließend berichtet der Oberbürgermeister noch, dass die Kosten für den Besuch sich im Allgemeinen in Grenzen halten, da die Instandsetzungsarbeiten am Rathaus und Marktplatz ja ohnedies angestanden hätten, die Verkehrsregelung mit den Schildern und Absperrungen allerdings mit etwa 10.000 DM zu Buche schlage.

Ähnlich turbulent gehen die Vorbereitungen in Langenburg vonstatten. Der Langenburger Bürgermeister Gronbach hat gemeinsam mit seiner Sekretärin Eva Paatz federführend die Planung in den Händen. Im Langenburger Amtsblatt vom 13. Mai 1965 werden Programm und Planung bekannt gegeben.

Zu Beginn wird von der in der letzten Mitteilung empfohlenen Aufstellung von Lichtern abgeraten und alle Bewohner entlang der Strecke vom Schloss bis zum Bahnhof werden aufgefordert, ihre Häuser mit Fahnen zu schmücken, sich diese im Zweifel auch bei Mitbürgern außerhalb der Fahrstrecke auszuleihen. Ein Aufruf für Fackelträger wird gestartet, dem sich daraufhin zahlreiche Vereine anschließen. Bei der Abfahrt des königlichen Paares vom Schloss zum Bahnhof um 23 Uhr wird so die ganze Strecke mit Fackelträgern gesäumt.

Zwischen 17 und 23 Uhr finden sich auf dem Langenburger Marktplatz die Jugendkapelle Crailsheim, die Crailsheimer Stadtkapelle, die Gerabronner Stadtkapelle und der Langenburger Spielmannszug ein, um zu konzertieren.

Bei der Einfahrt der Gäste um 18 Uhr spielen der Langenburger Spielmannszug und die Jugendkapelle Crailsheim.

Die Südfront des Schlosses, Haus Fritsch (heute Hofratshaus), Remise, Haus Wüst, Haus Gebert, Haus Rausch, Haus Knor, Rathaus, Steinhaus, Kirche, Tor, die Weiden am Kriegerdenkmal und der Wasserturm wurden beleuchtet. Bereits am Samstag und Sonntag vorher finden Probebeleuchtungen statt.

Zur Verabschiedung des königlichen Paares wird diesem von der Stadtverwaltung ein Erinnerungsgeschenk überreicht. Dies übernehmen Ulrike Fritsch und Irmgard Grüb, die in einem weißen Mercedes mit roten Sitzen zum Bahnhof fahren werden, Fahrer ist Hans Schmid.

Am Bahnhof spielt die Crailsheimer Stadtkapelle ein englisches Abschiedslied. Die Bevölkerung wird dazu aufgerufen, bei der Durchfahrt ihren Beifall mit Händeklatschen kundzutun, Heil- oder Beifallsrufe sind nach englischer Sitte nicht angebracht.

Auch in Langenburg sind Verkehr- und Parkplatzplanung eine wichtige Sache. 120 Polizisten überwachen den Verkehr.

Jedes Parken ist in Langenburg am 24. untersagt. Als Parkplätze werden der Atzenroder Kirchweg, die Seestraße mit Parkplatz am Wasserturm und Sportplatz und die Mittlere Steige von Bächlingen kommend angegeben.

Das Landratsamt meldet auch am 13. Mai 1965: »Aus Anlass des Besuches der englischen Königin in Langenburg wird am Montag, den 24. Mai 1965, die von Orlach über Nesselbach und Bächlingen nach Langenburg führende Landesstraße Nr. 1036 von der Kreisgrenze bis Langenburg in der Zeit von 16.30 Uhr bis 18.30 Uhr für den gesamten Verkehr gesperrt.«

Bereits am 5. Mai 1965 war ein Team des Zweiten Deutschen Fernsehen erschienen, um eine Sitzung des Langenburger Gemeinderats zur Vorbereitung des Besuches des englischen Königspaares filmisch zu begleiten.

Dabei wurde Eva Paatz beauftragt, alle weiteren Vorbereitungen zu treffen. Die Anschaffungen, Fahnen, Beleuchtung, Park- und Verkehrsschilder, Kosten für die musikalische Umrahmung und Präsente wurden besprochen.

Man einigte sich darauf, der Königin Blumen und Wibele und dem Herzog einen Korb mit Hohenloher Vesper zu überreichen. Neben dem Fackelspalier bei der Abfahrt dürfen die Schülerinnen und Schüler der Langenburger Grundschule beim Ankommen des Paares Fähnchen winkend Spalier stehen. Im Langenburger Schloss liefen die Vorbereitungen nicht weniger auf Hochtouren.

Fürstin Margarita, die Schwester von Prince Philip, ihr Sohn Fürst Kraft und seine Geschwister erwarteten die Queen und Prince Philip zu einem Abendessen im sich noch im Wiederaufbau befindlichen Schloss.

Neben dem rein privaten Besuch ist auch ein kleiner Presseempfang geplant.

Zahlreiche Anfragen gehen in dieser Zeit auf Schloss Langenburg ein. Manche regen noch heute zum Schmunzeln an, so antwortet das Sekretariat des Langenburger Fürsten am 20. Mai 1965 einer Dame aus Steinreinach bei Waiblingen: »Besten Dank für Ihren Brief vom 11.ds.Mts. mit den eingelegten DM 40.- Leider ist es aber ganz unmöglich, hiervon Ihrer Majestät der Königin Schokolade zu kaufen, - Ihre Majestät kann keinerlei Geschenk dieser Art annehmen. Wir reichen Ihnen deshalb die DM 40.- hiermit zurück, fügen aber eine Flasche Wein von unserem Weikersheimer Wein bei, den Sie sich schmecken lassen sollen.«

Auch dieses Angebot einer Bad Mergentheimer Lokalität musste dankend abgelehnt werden: »Durchlaucht! Gestatten mir, anlässlich dem Besuche der Majestät Königin von England, Ihnen für Ihre Majestät die doch auch sicher bei Ihnen und im allgemeinen bereits weltberühmte Haselnusstorte meines Hauses, als eine Überraschung für die Königin bei dem Besuch in Ihrem Hause, höflichst anzubieten! - Erkundigen Sie ich hierüber auch in amtlichen hiesigen Stellen, falls dies Ihnen noch unbekannt sein sollte, oder entsenden

Sie noch hier zur Verkostung eine Vertrauensperson Ihres Hauses! – Bin gerne bereit für den Besuch Ihnen eine solche berühmte Haselnusstorte als Spende kostenlos zu geben. Hochachtungsvoll …«

Der Bitte der gefeierten Musikerin, welche kurz zuvor in Langenburg ihr Können zum Besten gab, der Königin für die Kinder einige von ihr eingesungene Schallplatten mitzugeben und dem Prinzen Charles einen bei seinem letzten Besuch in der Bunten Truhe bestaunten kleinen bemalten Römer zu überreichen, wurde dann aber doch zugestimmt.

Fürst Kraft und Fürstin Margarita hatten bereits am Staatsempfang in Rheinland teilgenommen. Fürst Kraft war ebenso beim Empfang in Stuttgart anwesend. So treffen beide erst kurz vor dem Königspaar selbst wieder in Langenburg ein.

Der Zeitplan des Schlosses sieht folgende Punkte vor:

12.00 Uhr
~ Ankunft I.H.K. Fürstin zu Hohenlohe-Langenburg im dunkelblauen Mercedes Pol. Kennzeichen CR J 300 mit Fahrer Wolfgang Striffler und 1 Diener

Gegen 15 Uhr
~ Im PKW, aber nur bis Parkplatz am Marstall, Herr Distler (Friseur), Frau Distler (Friseuse)

Gegen 16–16.30 Uhr
- ~ Ankunft S.D. Fürst zu Hohenlohe-Langenburg im dunkelgrünen Mercedes Pol. Kennz. CR AC 333 mit Fahrer Fritz Striffler
- ~ S.D. der Fürst kommt mit dem Wagen aus Stgt. Über die Autobahn, Öhringen, Braunsbach nach Langenburg. Die Verkehrspolizei wird gebeten, nach Braunsbach durch Funk durchzugeben, dass S.D. freie Fahrt nach Langenburg hat, sofern die Straße ab Braunsbach bis Langenburg schon gesperrt sein sollte.

Gegen 17 Uhr
- ~ Oberforstmeister Augustin trifft mit Forstpersonal zu Fuss im Schloss ein

Gegen 17.40–45 Uhr
- ~ Zutritt der Presse durch die kleine Pforte an der Westseite des Schlosses zum Presseempfang unter Leitung Intendant Schneider. Zu dieser Gruppe der Presse kommen hinzu:
- ~ Herr Platten vom II. Deutschen Fernsehen,
- ~ Herr Giano vom Süd. Rundfunk Stgt. Fernsehen,
- ~ Herr Manfred Schuler, Fotograf, Weikersheim
- ~ Herr Max Gürtler, Fotograf, Langenburg
- ~ Herr Albert Gscheidle vom Hohenloher Tagblatt.
- ~ Frau Anna Blum, Langenburg, fungiert nach er Ankunft I.M. der Königin als Begleiterin des Gefolges der Königin zum Café und vom Café.

18.45–19.00 Uhr

Die Gäste S.D. des Fürsten treffen zum Cocktailempfang mit Pkws ein. Diese Gäste haben Einlasskarten und sind berechtigt, mit ihren Autos in den Schlosshof zu fahren. Es werden erwartet:
- S.D., I.D. Fürst und Fürstin zu Hohenlohe-Öhringen
- S.D. Prinz Constantin zu Hohenlohe-Langenburg
- S.D., I.D. Fürst und Fürstin zu Hohenlohe-Bartenstein
- S.D. Erbprinz zu Hohenlohe-Waldenburg
- I.D. Prinzessin Therese zu Hohenlohe-Waldenburg
- I.D. Prinzessin Hilda zu Hohenlohe-Waldenburg
- S.D., I.D. Fürst und Fürstin zu Leiningen mit 4 Kindern

Gegen 19.45 Uhr
- Die Gäste werden das Schloss wieder verlassen.
- Gegen 19.45 Uhr wird Frau Blum, die Damen und Herren aus dem Gefolge I.M. der Königin ins Schlosscafé begleiten. Namen der Damen und Herren aus dem Gefolge:
- The Lady Hussey
- Privatsekretär I.M. der Königin
- Mister William Heseltine
- Major the Lord Plunkett
- Es ist möglich, dass weitere 2 Personen aus dem Gefolge I.M. der Königin ins Schlosscafé gehen.

Gegen 21.00 Uhr
~ Rückkehr der Damen und Herren aus dem Gefolge vom Schlosscafé ins Schloss.

22.45 Uhr
~ Abfahrt I.M. der Königin vom Schloss zum Bahnhof. Weiter ist festgehalten, dass Polizei und Presse im Schlosscafé verköstigt werden. Bis 15 Uhr finden noch Bauarbeiten am Schloss statt, bevor die Baumannschaft geschlossen das Schloss verlässt. Der Pressempfang soll auf dem Lindenstamm, der Ehemaligen Bastion stattfinden. Die Mitarbeiter des Schlosscafés, sowie weitere Betriebszugehörige und deren Familien erhalten einen Reservierten Platz vor dem Hofratshaus um dort die Ankunft der Königin zu verfolgen.

EINLASSKARTE

Ihre Königliche Hoheit

die Fürstin zu Hohenlohe-Langenburg

Schloß Augustusburg, Brühl
18. Mai 1965
<u>Bitte Rückseite beachten!</u>

Ins Schloss darf nur, wer eine entsprechende Einlasskarte vorweisen kann.

Bis ins kleinste Detail ist der Tag geplant. Die Aufregung steigt und nicht nur in Langenburg, sondern auch in Schwäbisch Hall, Marbach und Stuttgart fiebert man dem Tag entgegen, an dem die Queen ihre wohlverdiente Pause auf Schloss Salem beendet und Deutschland wieder die Bilder liefert, nach denen sich viele sehnen.

Grüne Schuhe und primelgelbe Seide – Stuttgart

Montag, 24. Mai 1965

Der Staatsbesuch der Königin kam unter anderem durch die stetigen Bemühungen des früheren Bundespräsidenten Theodor Heuss zustande. Auf dem Stuttgarter Waldfriedhof kam es daher schon beim Eintreffen der Queen zu einem kleinen Ereignis, welches die versöhnliche und freundschaftliche Beziehung der beiden Nationen begründen sollte. Der britische Generalkonsul in Stuttgart, Richard P. Heppel, legte im Namen der Königin einen Kranz auf dem Grab des mittlerweile verstorbenen Altbundespräsidenten ab.

Dass Stuttgart es überhaupt auf den Reiseplan des königlichen Paares geschafft hatte, lag wohl hauptsächlich an den privaten Besuchen des Paares auf den Schlössern Salem und Langenburg. Da Baden-Württemberg dadurch eine wichtige Station auf der Route darstellte, sollte auch die Landeshauptstadt mit ihren vielen gerade aufkommenden baulichen Veränderungen gewürdigt werden. Kurz vor dem Eintreffen des Sonderzuges machten sich zwei Damen aus der Reinigungsbrigade daran, den Ort der Ankunft noch einmal auf Hochglanz zu bringen. Dabei nahmen sie, ganz der schwäbischen

Tradition verpflichtet, ihre Arbeit so genau, dass sie sogar die Böden unter dem roten Teppich feucht durchwischten.

Pünktlich um 10 Uhr am 24. Mai 1965 kam der Sonderzug im Stuttgarter Hauptbahnhof zum Stehen, und die Queen und Prince Philip wurden von Ministerpräsident Kiesinger, Landtagspräsident Gurk und dem Stuttgarter Oberbürgermeister Klett empfangen und zum Nordausgang geleitet. Ganz genaue Beobachter gaben im Nachhinein zu Protokoll, das sich nur drei der anwesenden Damen an den Hofknicks wagten. Die Gattin des britischen Generalkonsuls in Stuttgart, Mrs. Heppel, die Frau des Oberbürgermeisters, Yvonne Klett und Frau Muff, Gattin des Protokollchefs, welche wohl den elegantesten an den Tag legte. Der Ministerpräsident überreichte der Queen zur Begrüßung ein Orchideenbouquet. Der Empfang der vor dem Bahnhof in Aufstellung befindlichen Hundertschaft der Polizei und das Spielen der Nationalhymnen durch das Musikkorps verlief planmäßig.

Die Straßen waren geschmückt mit Fahnen und gesäumt von jubelnden Menschen, darunter viele Kinder, die eigens für diesen Anlass schulfrei bekommen hatten. Die Fahrt im offenen Mercedes zum Neuen Schloss wurde ein Erfolg. Um den hohen Gästen den Blick auf Baustellen und Bauzäune zu ersparen, waren diese großzügig mit Blumen, Büschen und Girlanden dekoriert und erweckten so einen freundlicheren Eindruck. Die die Queen schon vom ersten Tag an begleitende

Presse bemerkte, dass an noch keiner Station so viele Menschen zusammenkamen wie in Stuttgart.

Die Königin hatte den Frühling farbenprächtig herausgefordert, wie das Hohenloher Tagblatt in seiner Ausgabe vom 25. Mai 1965 berichtet. Die Pressestelle teilte mit, dass die Königin einen gerade geschnittenen Mantel aus primelgelbem Wollstoff trug. Halsausschnitt und vordere Ränder waren mit schräggeschnittenem Material aus der gleichen Farbe eingefasst. Darunter ein Seidenkleid in Jadegrün und Primelgelb. Abgerundet wurde das Outfit durch einen duftig-luftigen Hut aus Blütenblättern in gelber Seide.

Im Neuen Schloss angekommen und von Jagdhornbläsern empfangen, wurden die Queen und Prince Philip im Weißen Saal des Schlosses eigenen Ehrengästen, Mitgliedern des Kabinetts und des Präsidiums vorgestellt und man überreichte der Königin das offizielle Geschenk der Landesregierung, eine Dokumentensammlung über die Beziehungen Großbritanniens und Südwestdeutschlands. 1944 war das Schloss nach einem Bombeneinschlag ausgebrannt und erst 1964 nach aufwendigen, an den Originalplänen orientierten Wiederaufbauarbeiten eingeweiht worden. Mit dem britischen Staatsbesuch fand nun der erste offizielle Empfang dort statt. Als der baden-württembergische Finanzminister Müller, Prince Philip den Empfang, die Neubauten um den Schlossplatz und das wiederaufgebaute Schloss erläuterte, soll dieser ihn gefragt haben: »Ist schon alles bezahlt?«

In seiner Rede würdigte Ministerpräsident Kiesinger die guten Wirtschafts- und Handelsbeziehungen zu Großbritannien und gab seinem Wunsch auf eine engere Einheit innerhalb Europas und der Mitarbeit Großbritanniens daran seinen Ausdruck. Die Königin erwiderte in ihrer Ansprache wiederum die guten Beziehungen und teilte ihre Erinnerungen an Theodor Heuss und dessen Worte über die schwäbischen Wurzeln der Königin mit den Versammelten. »An diesem Tag bedauere ich nur, dass Bundespräsident Heuss nicht mehr unter uns weilt, um mir seine Heimat zu zeigen, von der er mir erzählte, als er 1958 London besuchte und mich daran erinnerte, daß auch in meinen Adern schwäbisches Blut fließe«.

Die Großmutter der Königin war eine geborene Prinzessin von Teck, einer Seitenlinie des württembergischen Königshauses. Auch lobte sie den Fleiß und das handwerkliche Können des Landes sowie seine zu Recht wegen seiner Schönheit gelobten Landschaft.

Um dem engen Zeitplan zu entsprechen, wurde zügig die Fahrt zum Stuttgarter Fernsehturm angetreten. Vorbei an zahlreichen jubelnden Menschen fuhr die Wagenkolonne vom Herzen Stuttgarts auf den Gipfel des Hohen Bopsers. Der Fernsehturm war und ist bis heute bekannt für seine bauliche Innovation, welche ein Wegbereiter für eine weltweite Turmbauwelle wurde. 1959 ausgezeichnet mit dem Architekturpreis und 2009 von der Bundesingenieurkammer mit dem Titel Historisches Wahrzeichen der Ingenieurbaukunst in Deutschland versehen, wurde der Turm schnell zum Wahrzeichen Stuttgarts sowie beliebtes Ausflugsziel. Am Fuße des Fernsehturms – den Rasen um den Turm hatte man eigens für den Besuch grün bemalen lassen –, begrüßte Oberbürgermeister Arnulf Klett die Queen und Prince Philip und ließ ihnen von seinen Kindern Blumen überreichen. Im Turmrestaurant wurde das Paar den Gästen des Oberbürgermeisters, darunter die Vorsitzenden der Fraktionen im Gemeinderat und die Stadtdirektoren, vorgestellt. In seiner Rede wies Klett auf die historische Bedeutung des Besuches, die Entwicklung der Stadt und ihre heutige Rolle als moderne Großstadt hin. Den Fernsehturm würdigte er dabei »als Symbol der modernen Urbanität Stuttgarts und seines architektonischen Neuaufbaus«.

Das Geschenk der Stadt Stuttgart, ein Mokkaservice aus der Ludwigsburger Porzellanmanufaktur, wurde überreicht.

Für den klischeehaften, typisch schwäbischen Ausspruch, mit dem Stuttgarts Oberbürgermeister Arnulf Klett der Königin das Gastgeschenk überreicht haben soll, gibt es keinen verbrieften Zeugen: »Des is fei ein koschtbares Geschenk.« Der schwäbische Mundartdichter Thaddäus Troll meint allerdings später, den Preis der Kostbarkeit herausgefunden zu haben: 95,98 Mark.

Gemeinsam mit Fritz Leonhardt, dem Erbauer des Fernsehturmes, und einen kleinen ausgewählten Personenkreis, blickt man nun im oberen Stockwerk über die städtebaulichen Veränderungen und es erfolgte die Eintragung in das Goldene Buch der Stadt. Die Queen war damit der erste ausländische Staatsgast, der den Fernsehturm besuchte. Sie bedankte sich mit einem mit Widmung versehenen Porträt für die Gastfreundschaft.

Bei der Rückfahrt zum Schloss kommt es zu einer kleinen Panne, der Wagen von Prince Philip sprang nicht mehr an. Unter lauten Hauruckrufen der Schaulustigen versuchten einige Chauffeure den Wagen schiebend in Gang zu bekommen. Als dies nicht gelang, musste Prince Philip, um den strengen Zeitplan nicht überzustrapazieren in einen Ersatzwagen umsteigen, glücklicherweise fährt ein solcher immer im Konvoi mit. Nachdem sich die Menschenmenge auflöste, blickte so mancher Besucher verwundert auf seine Schuhe. Der, um freundlicher und frischer zu wirken, grün gefärbte Rasen vor dem Fernsehturm hatte an den Schuhen mancher seine Spuren hinterlassen.

How charming – Marbach

Über das Nachmittagsprogramm in Marbach hält sich bis heute die Legende, die Königin habe enttäuscht reagiert, da sie mit dem Gestüt gerechnet und bedauernd nach den Pferden gefragt habe. Doch ganz im Gegenteil war die Queen gut über das Programm unterrichtet und in den Presseberichten der Zeit ist zu lesen, dass sie sehr interessiert auf die Originalausgabe von Friedrich Schillers »Maria Stuart« reagiert hat, aufmerksam die Originalausgabe der englischen Übersetzung betrachtete und mit den Worten »How charming« ein in Schillers Besitz befindliches Porträt der schottischen Königin bewunderte.

Laut Stuttgarter Zeitung vom 25. Mai 1965 hatte Herr Kierkamm, Hausmeister des Schiller Nationalmuseums, gerade zum neunten Mal den Läufer vor dem Museum vom letzten Staub befreit, als der Konvoi um 15.55 mit 10-minütiger Verspätung in Marbach ankam. Das Stuttgarter Kammerorchester unter der Leitung von Karl Münchinger spielte zur Begrüßung der königlichen Gäste im Schillersaal einen Satz aus dem Concerto grosso von Georg Friedrich Händel. Händel gilt heute als einer der bedeutendsten europäischen Komponisten, hatte viele Jahre in London mit Arbeiten für die britischen Könige verbracht.

30 Minuten waren für den Aufenthalt im Schiller Nationalmuseum vorgesehen, 10 Minuten für die Besichtigung des frisch renovierten Geburtshauses Schillers.

Begrüßt wurden die königlichen Gäste durch den Vorsitzenden der Deutschen Schiller-Gesellschaft Dr. Hoffmann, Museumsleiter Dr. Zeller und den Marbacher Bürgermeister Zanker sowie den Ludwigsburger Landrat Stolz. Die Führung durch das Museum übernahm für die Queen Dr. Zeller mit der Dolmetscherin Fr. Katte und für Prince Philip Dr. Hoffmann. Neben bereits genanntem Stich soll sich die Queen vor allem für die Totenmaske des Dichters interessiert haben. Diese war eigens für den Anlass mit Flieder und Goldregen in Szene gesetzt worden.

Marbach selbst strahlte unter Fahnen und Blumenschmuck und jubelte den Gästen von Straßen, Gassen, Fenstern und Balkonen zu, als der Tross noch einen kurzen Abstecher in das Geburtshaus des Literaten unternahm. Aufgrund des nicht mehr ganz so freundlichen Maiwetters hatte man sich in der Zwischenzeit dazu entschieden, das Verdeck der Staatskarosse zu schließen und die Weiterfahrt im geschlossenen Wagen fortzuführen. Es war wohl Prince Philip, der beim Verlassen des Hauses die Enttäuschung der Wartenden als erster bemerkte und nach einem kurzen Gespräch mit der Königin ein erneutes Öffnen des Verdecks anordnete, was mit großem Jubel und Beifall die Freude der Menschen so ansteigen ließ, dass das schlechte Wetter keine Rolle mehr spielte.

Um 16.20 Uhr, 15 Minuten später als im Zeitplan vorgesehen, fuhr der Konvoi ab: im nun offenen Wagen, Kiesinger neben der Königin, in einem zweiten Prince Philip und Kiesingers Gattin Marie-Luise. Im Schritttempo führte der Weg über die Niklastor-, Markt-, Güntter und Rielingshäuser Straße aus der Stadt in Richtung Schwäbisch Hall.

Tanzen nach der Uhr – Schwäbisch Hall

Während die Queen und Prince Philip vom Neuen Schloss in Stuttgart mit dem Auto über Marbach/N. nach Schwäbisch Hall fuhren, reiste ein Großteil der Entourage des Paares mit dem Sonderzug von Stuttgart direkt nach Schwäbisch Hall. Bei der im Haller Tagblatt vom 25. Mai 1965 »Sonderzugprominenz« genannten Gruppe, die um 14.33 Uhr auf dem Bahnhof Schwäbisch Hall eintraf und die vom stellvertretenden Bürgermeister und Stadtrat Dr. Dr. Pfeifer und Oberstudienrat Dr. Lang begrüßt wurden, handelt es sich um Dr. Noß – Legationsrat des Bonner Außenministeriums, Lady Susan Hussey, Hofdame der Königin und Miss Warburton, Sekretärin des englischen Botschafters in der Bundesrepublik und Impulsgeberin für den Besuch in Schwäbisch Hall. Eine »Jedermann«-Vorstellung auf der Treppe von St. Michael hat Miss Warburton so begeistert, dass sie die Botschaft von diesem Abstecher überzeugen konnte.

Die Schaulustigen am Bahnhof hatten mehr erwartet und zeigten sich recht enttäuscht, so wenig zu Gesicht zu bekommen. Der Sonderzug sollte bis zum Abend auf dem Haller Bahnhof bleiben, da die Queen und Prince Philip nur in kleinem Gefolge nach Langenburg fahren würden. Nach einem Abendessen für die zurückgelassenen Gäste des Haller Bürgermeisters im Adler würde der Sonderzug dann nach Langenburg fahren und dort auf die Abfahrt der Königin warten.

Bereits um die Mittagszeit füllten sich die Straßen und Plätze Schwäbisch Halls mit Neugierigen aus allen Teilen der Region, ein volksfestartiger Charakter, bunte Fahnen und Blumenschmuck trugen die Hochstimmung der Besucher durch die Stadt am Kocher. Nach und nach nahmen Trachtengruppen und Ehrengäste ihre Plätze rund um den Marktplatz herum ein.

Vor dem Rathaus waren Plätze für die Stadträte, Fabrikant Kurz als Vertreter der Industrie, Direktor Boesler von der Bausparkasse, Verleger Emil Schwend als Vorsitzendem des Kaufmännischen- und Gewerbevereins, die fünf Hohenloher Landräte, die Bürgermeister der Hohenloher Kreisstädte, die Oberbürgermeister von Aalen, Backnang, Gaildorf und Vertretern der Gewerkschaften reserviert. Auch tat sich ein kleines Drama auf, als einem kleinen Jungen der Sprint zur Pressetribüne verwehrt wurde, doch eine tröstende Rotkreuz-Mitarbeiterin vermochte seine Tränen zu trocknen.

Als die Glocken von St. Michael 17 Uhr schlugen, stieg die Aufregung, doch erst um 17.30 Uhr kamen die ersten Vorboten für das Eintreffen der Königin auf. Um 17.45 Uhr – mit mehr als einer halbstündigen Verspätung – fuhr die Queen, die gemeinsam im Wagen mit dem baden-württembergischen Ministerpräsidenten saß, gefolgt von Prince Philip mit Frau Kiesinger, am Rathaus vor.

Theodor Hartmann, Oberbürgermeister von Schwäbisch Hall, trat ans Mikrofon und begrüßte die Gäste mit den Worten:

»Das Schicksal gewährt uns die Gnade, Eure Majestät hier begrüßen zu dürfen. Die Stadt Schwäbisch Hall ist sich der hohen Ehre, die ihr mit diesem Besuch widerfährt, mit vollstem Dank bewusst.

Die architektonische Szene ist heute im Wesentlichen dieselbe, wie in den Tagen, als die Kaiser des Heiligen Römischen Reiches in Hall ihren Einzug hielten. Freilich haben sich die politischen und vor allem versorgungswirtschaftlichen Verhältnisse gegenüber den einstigen Zügen der Kaiser durch ihre getreuen Reichsräte grundsätzlich gewandelt, weshalb wir heute nicht daran denken, Eure Majestät und Ihrem Gefolge etliche Scheffel Korn und Fuder Wein untertänigst zu liefern und zum Empfang an der Grenze der umfriedeten Markung einen Pokal gefüllt mit Dukaten zu überreichen.

Aber wir wollen einen alten Brauch der Begrüßung hoher Gäste mit bewußtem Eifer in die hohe Gegenwart wirken lassen. Salz und Brot waren die Quellen, denen Macht, Reichtum und die architektonische Schönheit unserer Stadt entsprangen. Heute gibt es freilich andere, weit ergiebigere Quellen des Reichtums, an denen Hall nur geringen Anteil hat. Sie sind also zunächst Symbol der Äcker und Felder, die einstmals bäuerlichen Untertanen und vor allem die Solquelle zu Füßen der Stadt. Salz und Brot bleiben Sinnbild elementarer Naturgegebenheiten, von denen Menschen aller Zeiten und in aller Welt auch und gerade im Zeitalter perfekter Technologie dazu genötigt und seit unchristlichen Zeiten dazu gesegnet, über primitive Bedürfnisse hinaus eine Daseinsstätte des Wohlbefindens, der Lebensordnung aufzubauen, in deren befriedetem Bezirk die Seele sich aufschwingen kann und durch den Anblick erhabener Werke höhere schöpferische Kräfte geweckt werden.

In diesem Sinn bietet die Stadt Schwäbisch Hall Eurer Majestät Salz und Brot zum Empfang. Eine bescheidene Gabe. Dank der Symbolschwere indessen wohl würdig einer Königin.«

Die angekündigten Gaben und weitere Geschenke wurden daraufhin vom 1. Hofburschen des Siederhofes, Karl Kurtenbach, dem Siederburschen Christian Neidhardt und der Siederin Susanne Wenger überreicht.

Zum Dank erhielt der Oberbürgermeister für die Stadt ein vom königlichen Paar signiertes Porträt.

Über den roten Teppich, der von salutierenden Polizisten und Vasen gefüllt mit lilafarbenem Flieder, blutroten Nelken und anderen frühsommerlichen Blumen gesäumt war, betraten die Gäste das Rathaus. Im Rathaussaal begrüßten die deutschen Ehrengäste die Staatsgäste. Eingefunden hatten sich Finanzminister Dr. Müller mit Gattin, Landtagsabgeordneter Lack mit Gattin, Regierungspräsident Schöneck, der Bürgermeister von Schwäbisch Halls französischer Partnerstadt Epinal, Monsieur Argant mit Stadträtin Mehul, Bürgermeister Specht mit Gattin, die drei Fraktionsführer des Gemeinderats, Dr. Pfeifer, Willie Euler und Emil Leipersberger mit Gattinnen sowie der Haller Historiker und Gymnasiallehrer Dr. Wunder mit Gattin.

Ebenso zum Empfang geladen waren die Begleiter der Königin, darunter die Hofdamen Elizabeth Coke, 5th Countess of Leicester, Lady of the Bedchamber, und Lady Susan Hussey. Der Privatsekretär der Königin Sir Michael Adeane, der zweite Privatsekretär der Königin Sir Martin Charteris, der Pressesekretär der Königin William Heseltine, der stellvertretende Haushofmeister der Königin The Lord Plunket, der Stallmeister Prince Philips Davio Checketts und Sanitätsoffizier Sir Derek Steele-Perkins. Von der britischen Botschaft waren geladen der britische Botschafter Sir Frank Roberts und Gattin. Die deutsche Delegation setzte sich aus Botschafter Dr. von Etzdorf, Botschafter Blankenhorn, Protokollchef von Holleben, Brigadegeneral Böhm, Legationsrat Dr. von Plehwe mit Gattinnen zusammen.

Unter tosendem Applaus der versammelten Menschenmenge, traten die Gäste auf den Balkon des Rathauses, um freundlich winkend und lächelnd ihre Blicke schweifen zu lassen. Vor dem Balkon wehte ein Haller Wappentuch und erst nach einigen Minuten des Winkens nahmen die Gäste Platz. Tausende deutscher und britischer Fähnchen jubelten dem königlichen Paar entgegen. Der Zunfttanz der Flößer bildete den Auftakt des traditionellen Tanzprogramms. Zahlreiche abwechslungsreiche Figuren wurden flott und gekonnt vorgetragen und mit viel Beifall bejubelt.

Den Flößern folgte der Fingerle-Tanz der Trachtengruppe aus St. Märgen. Bunt flatterten die Bänder der Hauben zu diesem traditionellen bäuerlichen Tanz aus dem Schwarzwald.

Der Tanz der Markgröninger Schäfer schließt sich dem fröhlichen Treiben an. Wie beim Schäferlauf am Bartholomäus-Tag tanzten die Schäfer mit ihren in der Sonne blitzenden Schippen ihren berühmten Rundtanz auf dem Marktplatz. Der Tanz der Haller Sieder sollte den Höhepunkt des Schwäbisch Haller Programmes darstellen. Und so zogen die Tänzer zu Trommeln und Pfeifen, erst die kleinen Siederle, dann der Große Siederhof auf dem Marktplatz ein. Der 1. Hofbursche Kart Kurtenbach, richtete seine extra für die Königin abgewandelte traditionelle Ansprache in Richtung Rathausbalkon:

»Da es Ihrer Majestät Elisabeth von Gottes Gnaden, britische Königin, gefallen hat, am heutigen Tage die ehemals des Heiligen Römischen Reichs Stadt Schwäbisch Hall mit ihrer Anwesenheit zu erfreuen und ein wohledler, hochweiser Magistrat unserer guten Stadt uns ledigen Siedersöhnen gnädigst erlaubt hat, dem hohen Gast den gewohnt alljährlichen Tanz vorzuführen, so konnten wir nicht unterlassen, den Herrn Vater, die Frau Mutter und die Jungfer Tochter zu bitten, mir ihr einen fröhlichen

Tanz zu tun, was uns der gütige Gott in Küche und Keller beschert, in aller Ehrbarkeit verzehren zu dürfen. Und so wir ihnen anderwärts in etwas dienen können, es mag sein, was es will, früh oder spät, bei Tag oder bei Nacht, bei Wassers- und Feuergefahr, wovor aber der gute Gott Stadt und Land in Gnaden bewahren wolle, sind wir jederzeit willens und bereit. Hierauf erwarten wir eine fröhliche Antwort.«

Die Hofjungfern antworten darauf: »Ein Tänzchen in Ehren kann niemand verwehren.«

Und der Tanz beginnt. Umschlossen von Trommlern und Pfeifern tanzten die kleinen Siederle, die Siederinnen und Sieder des Großen Siederhofes tanzten im einem größeren Kreis ganz außen.

Applaus und Beifall von allen Seiten beschloss das Schwäbisch Hall-Programm. Auch dem Gesicht der Königin und dem Applaus des Prinzen ist anzumerken, das ihnen die Darbietungen von Herzen gefallen haben. Lippenleser der anwesenden Presse wollen schon während der Vorstellung durch ihre Ferngläser lobende Worte im Gespräch des Paares gedeutet haben.

Zurück im Rathaussaal trugen die Gäste sich im Goldenen Buch der Stadt ein, verabschiedeten sich Oberbürgermeister Hartmann sowie Ministerpräsident Kiesinger und besteigen unter Beifall, Jubel und Elizabeth-Rufen ihren Wagen, lassen das offizielle Programm des Tages hinter sich um in Langenburg einem Abend ganz privat im Kreis der Familie zu genießen.

Doch die letzte Strecke auf der gesperrten Straße, gesäumt von tausenden Hohenlohern, bedeutet noch einmal lächeln, winken und so in der Erinnerung vieler einen Platz erhalten.

Mehr als eine Rede am Bahnhof – Langenburg

Schloss und Stadt Langenburg fieberten seit Wochen dem großen Ereignis entgegen. Das offizielle Programm des königlichen Besuches endete in Schwäbisch Hall und mit der Abfahrt dort am Rathaus war die Königin privat unterwegs. Aufs Feinste hatte die Stadt sich herausgeputzt, wie bei fleißigen Mainzelmännchen hatten sogar ein paar motivierte Langenburger in der Nacht den Marktplatz von einigen dort gelagerten Baugerüsten befreit und einzig ein Schild mit der Aufschrift »Wir haben aufgeräumt« zurückgelassen. Während die Queen und Prince Philip also durch Baden-Württemberg reisten, war in Langenburg geschäftiges Treiben. Bis 15 Uhr gingen die Bauarbeiten am durch den verheerenden Brand im Jahr 1963 stark zerstörten Schloss voran. Im kleinen Städtchen wurden derweil die Fahnen aufgezogen, schwarz-gelb für Langenburg, rot-weiß für Hohenlohe, schwarz-rot-goldene Deutschlandfahnen und britische Union Jacks wechselten sich ab. Regen trübte auch hier etwas die Vorfreude und Sorge über den Verlauf des Tages machte sich breit.

Doch als gegen Mittag die Sonne hervorbrach, die letzten Zweige, Blumen und Papierfähnchen angebracht waren und die eingeladenen Musikkapellen Aufstellung bezogen, lockerte sich auch die Stimmung. Kaum ein Geschäft war nicht mit Bildern der englischen Gäste geschmückt und die Regale waren mit mancher Erinnerung an diesen Tag gefüllt.

Nie zuvor hatte Langenburg so viele Besucher gesehen, Tausende füllten die Straßen. Sonderbusse brachten Menschen aus den Nachbargemeinden nach Langenburg und der Strom an Autos schien nicht zu versiegen, sodass die Polizei Hunderte abweisen musste, ganz nach dem Motto »Wegen Überfüllung geschlossen«.

Die Grundschüler hatten schulfrei bekommen und nahmen am Ortseingang nun ihre Plätze unter dem fröhlich im Wind schaukelnden »Herzlich willkommen in Langenburg«-Banner ein. Dort wurden sie mit Papierfähnchen versorgt und warteten gespannt auf das Eintreffen der Königin. Auch die Jugendkapelle aus Crailsheim mit ihren goldgelben Hemden bezog einen Platz zwischen Bächlinger Straße und Kronenbuck, um die Einfahrt der Gäste musikalisch zu begleiten. Die Anspannung bei allen stieg und die Blicke wanderten über das Tal, auf das man der Erste sei, der den Tross herannahen sieht.

Diejenigen, die vorgesorgt hatten und mit Fernglas bewaffnet in die Ferne blickten, waren es dann, die kurz vor 19 Uhr die Ankunft der von Nesselbach her kommenden Wagen ankündigten. Im großen Konvoi mit Polizeieskorte fuhren die Queen und Prince Philip dann an den jubelnden, klatschenden und winkenden Menschen vorbei und auf direktem Weg ins Schloss. Ein kleines Mädchen war in heller Aufregung, als es erfuhr, dass der Konvoi der Königin von 17 weißen Mäusen angeführt werde. Vielleicht hatte es den 1950 erschienenen Disney-Film Cinderella gesehen, bei welchem Mäuse zu verzauberten Kutschpferden der vernachlässigten Prinzessin wurden. Die Enttäuschung war allerdings nicht allzu groß, als sich die weißen Mäuse als weiß gewandete Motorradpolizisten herausstellten.

Im Vorhof der sogenannten Sonnenuhr wurde das Paar dann von der fürstlichen Familie empfangen. Fürstin Margarita, die Schwester Prince Philips mit ihren Kindern Fürst Kraft, Prinzessin Beatrix, und den Prinzen Andreas, Albrecht und Rupprecht wie auch ihre zukünftige Schwiegertochter Prinzessin Charlotte von Croÿ begrüßten die Gäste aufs Herzlichste.

Den Presseempfang hatte man kurz entschlossen in den Innenhof verlegt, sodass Fotografen und Kameraleute festhalten konnten, wie die Gesellschaft durch den Innenhof schritt und sich ein Bild über die Zerstörung und den Wiederaufbau des Schlosses machte und dabei auch die Schönheit des Renaissance-Innenhofes bestaunen konnte. Für die Familie und die königlichen Gäste ging es ins Schloss, wo im barocken Festsaal ein Cocktailempfang mit Gästen der benachbarten Hohenloher Linien stattfand, ganz ohne Öffentlichkeit.

Die Presse zog sich aus dem Schloss zurück, hatte etwas Zeit zu verschnaufen, um sich dann die besten Plätze für die Abreise zu sichern. Und auch die zahlreichen angereisten Menschen hatten nun Zeit, weiteren Platzkonzerten der Kapellen zu lauschen, sich einen der raren und schnell neu belegten Plätze in einem der Langenburger Gasthöfe und Cafés zu sichern und schon einmal zu schauen, welcher Platz am Wegesrand der beste für die Abreise der Queen wäre. Ab 18.20 Uhr spielte die Crailsheimer Stadtkapelle, von 19.30 Uhr an der Langenburger Spielmannszug und ab 21.00 Uhr die Stadtkapelle Gerabronn.

Eine Stunde war für den Cocktailempfang im Schloss eingeplant, bei dem neben den Gästen der fürstlichen Familie auch einige Personen aus dem Gefolge von der Queen und von Prince Philip zugegen waren.

Da die eigentlichen Wohnräume des Schlosses nach dem Brand noch nicht wieder hergestellt waren, hatte die Familie Zimmer in der ehemaligen Brauerei des Schlosses sowie in der Hausmeisterwohnung bezogen. In diesem heimeligen, gemütlichen und ganz familiären Rahmen hatte man nun zum Abendessen gedeckt. Ganz privat, nur die Langenburger Familie und das königliche Paar. Die anderen Gäste hatten direkt nach dem Empfang das Schloss verlassen, waren nach Hause gefahren und das Gefolge der Königin wurde im Schlosscafé erwartet.

ABENDESSEN
anlässlich des Besuches von
H.M. The Queen Elizabeth II
and H.R.H. The Duke of Edinburgh
24. Mai 1965

Hühnerbrühe mit Einlage und Ei

Zweierlei von der Forelle
mit Frühlingsgemüse und Kartoffelbrei

Halbgefrorernes
"Fürst - Pückler - Bombe"

Mokka und Gebäck

Zum abschließenden Mokka wurden die Dame und die Herren aus dem Gefolge dann wieder im Schloss erwartet. Aufgrund des sehr privaten Charakters des Abends war man nur im kleinen Gefolge gereist. The Lady Hussey, Hofdame der Königin, der Privatsekretär I.M. der Königin Sir Michael Adeane, Mister William Heseltine, Pressesekretär der Königin und Major The Lord Plunkett, stellvertretender Haushofmeister, begleiteten das Paar. Auch die Kammerzofe der Königin, Margaret MacDonald, genannt Bobo, war mit nach Langenburg gekommen, sie nutzte den Aufenthalt allerdings für private Besuche, da sie mit der Bächlinger Pfarrerfamilie Schlauch befreundet war. So verbrachte Bobo einige Stunden in Bächlingen und freute sich, auch einmal auf der anderen Seite zu stehen und den königlichen Konvoi aus der jubelnden Menge heraus vorbeifahren zu sehen.

Was während dieser privaten Stunden gesprochen wurde, bleibt privat und zeichnet auch die enge familiäre Beziehung der Familien aus. Dass die Stimmung eine gute war und man den Abend trotz des straffen Tagesprogramms genossen hat, zeigen allerdings auch die Aufnahmen vom Abschied der Gäste.

Fackelspalier

Vom Auto-Schmid (linke Straßenseite Post bis Haus Langkammer): Helmut Kaske, Kurt Protzer, Hermann Schrank, Willi Walther, Arthur Opaterny, Hartmut Krämer, Rudolf Reich, Siegfried

Kaske, Gerhard Weisser, Manfred Weinmann und Friedemann Heusler.

Vom Spielmannszug Langenburg (ab Haus Arndt bis zum Bahnhof): Wilhelm Wüst, Hermann Schumm, Hans Küspert, Gerhard Küspert, Rudi Küspert, Manfred Merklein, Walter Schön, Meissner, Fritz Rath, Gerhard Pfeiffer, Erwin Kugler, Manfred Küspert, Kurt Hölzle, Albert Wüst, Hermann Däuber, Hans Doll, Hans Zobel, Christian Truckenmüller, Josef Lang, Franz Lang, Fritz Heinzmann, Peter Zott, Eberhard Straub, Dieter Botta, Rolf Mack.

Vom Liederkranz (rechte Straßenseite von Haus Sturm bis Einmündung Seestraße): Frank, Hautzinger, Hiller, Kümmerer, Leber, Schultz, Straub, Gebert, Haas, Krämer, Lechler, Stein, Wolz, Adam, Dyck, Eisenmann, Heinzmann, Popp, Sommer, Stetzkowski, Kugler, Stein, Truckenmüller, Wulff, Stapf.

Vom FC Langenburg (linke Straßenseite vom Schloss bis Gasthaus Post): Willy Kilian, Wilma Kilian, Wolfgang Schleifer, Armin Schleifer, Walter Schumm, Fritz Kümmerer, Hermann Kohlhammer, Siegfried Karle, Peter Schmiga, Hans Schmiga, W. Fernsler, Reimund Lassl, Helmut Wolz, Harald Möpps, Richard Rath, Erich Baumann, Karl-Heinz Stapf, Kurt Seckel, Dieter Wulff, Brigitte Merklein, Gudrun Kilian, Karl Magiera, Lasi Wagner, Vladimir Domislovic, Karl Wickler, Otto Christ, Anton Beetz, Ernst Ruff, Karl Schmiga, Traugott Döffinger, Kurt Mohr, Helmut Nowak, Werner

Schimann, Grund, Kochendörfer, Roland Abel, Herbert Hartmann, Wolfram Schaffert.

Vom TSV Langenburg (rechte Straßenseite von Schloss bis Neubau Karl Hock): Ruth Schmid, Marie Gräber, Frau Hartmann, Elfriede Köhler, Frau Ulbrich, Claudia Schleifer, Hannelore Spindler, Erika Vogel, Frl. Lang, Frl. Gebhard, Gerdi Prömm, Renate Giess, Ingrid Müller, Ruth Stapf, Monika Brandtner, Edelgrad Sturm, Giesela Hübner, Bärbel Gröss, Irmgard Küspert, Renate Schmid, Gerlinde Jeschin, Fr. Häfele, Karin Schrack, Adelheid Metzger, Martin Straub, Fritz Gronbach jr., Hans Ziegler, Hermann Richter, Fritz Hölzle, Fritz Häffelein, Josef Obiger, Manfred Schrein, Werner Schmidt, Günter Schumm, Leonhard Hautzinger, Walter Rosendahl, Willi Ulbrich, Gerhard Rösch, Andreas Grüb, Klaus Botta, Hannelore Kaske, Rita Stetzkowski, Roswitha Blind, E.Giess, Fr. Lerch.

Ohne Namentliche Nennungen: Liederkranz Unterregenbach (linke Straßenseite von Gasthof Post bis Haus Krumrey), Feuerwehr Langenburg (linke Straßenseite von Haus Kurring bis Postamt), Gewerbeverein Langenburg (rechte Straßenseite von Einmündung Seestraße bis Postamt).

Während die Fackelträger ihre Positionen einnahmen, fuhr der Sonderzug aus Schwäbisch Hall kommend auf dem Langenburger Bahnhof ein.

Der Personenverkehr war in Langenburg schon 1954 eingestellt worden, sodass die Strecke nur noch für den Güterverkehr genutzt wurde. Eigens für diese königliche Fahrt hatte man die Gleise kurz zuvor mit einer Gleisstopfmaschine gerichtet. Der Bahnhof war, wie die Presse später berichtete, nicht sehr herausgeputzt worden und konnte mit dem restlichen Langenburg nicht gleichziehen.

Die Lok der Baureihe 50 hingegen war festlich geschmückt und der rote Teppich wurde rechtzeitig zur Treppe des Salonwagens ausgerollt. Die Polizei patrouillierte auf der Strecke, um die freie Fahrbahn zu gewährleisten.

Um 22.30 Uhr fuhr dann der weiße Mercedes 230 SL mit den vielbesagten roten Ledersitzen vor, er brachte den Bürgermeister Fritz Gronbach und die beiden in Hohenloher Tracht gekleideten Mädchen Ulrike Fritsch und Irmgard Grüb an den Bahnhof.

Planmäßig um 22.45 setzte sich dann auch der Konvoi im Schloss in Bewegung, vorbei an den Fackeln und jubelnden Menschen durch das fast märchenhaft leuchtende Langenburg. Kaum gelang es der Polizei, die zum Bahnhof drängenden Menschen in Zaum zu halten.

Bürgermeister Gronbach setzte zum Abschied zu seiner noch heute oft wiederholten Rede an. Große Mühe hatte ihn das Lernen der englischen Vokabeln gekostet, im Nachhinein nicht so erfreut hat ihn das Zitat des Fernsehsprechers, welcher meinte, Prince Philip habe gesagt, die Rede hätte ihm gefallen, auch wenn er nicht alles verstanden habe. Wobei der Prinz eigentlich meinte, dass er es schade fand, dass die meisten Zuhörer gar nicht verstehen konnten, welchen Inhalts die Rede war, da sie ja auf Englisch gehalten wurde. Doch die vom Bürgermeister geforderte Richtigstellung bleibt bis heute zumeist aus. Mit geglücktem Hofknicks wurden die Geschenke, Wibele, Wein und Brot sowie Gedenkmünzen überreicht. Im Onlineverzeichnis des Royal Collection Trust, also der Königlichen Kunstsammlung, sind heute die nicht essbaren Geschenke verzeichnet, mit dem Vermerk »Presented to Queen Elizabeth II by the Mayor of Langenburg on the occasion of the royal visit to Germany, May 1965«.

Euer Majestät,
kgl. Hoheit!

Die Bürger von L. sind dankbar dafür, dass Sie Ihre Hohenloher Verwandten im Schloss besucht haben und damit auch uns die Möglichkeit gegeben haben, Ihnen unsere Aufwartung zu machen.

Es wäre eine Ehre für uns, wenn Sie zur Erinnerung an Langenburg u. Hohenlohe diese Gaben annehmen wollten. Die Wibele sind ein Langenburger Originalerzeugnis, Wein u. Brot sind Hohenloher Produkte.

Your Majesty
your Royal Highness

The citizens of Langenburg a very grateful for the visit you are paying your Hohenlohe relatives here as it gives us all the possibility to see your Majesty and your Royal Highness

It would be an honour for us if you would kindly accept these small gifts.

The Wibeles are an ~~ex~~ ancient and original production of L. allready enjoyed by Her Majesty Queen Victoria, and for your Royal Highness some samples of ~~Hohenloher~~ wine and local bread, products of the Hohenloher country (land)

Wir wünschen Ihnen eine glückliche Reise. Wir bleiben zurück in der Hoffnung, dass dieser Besuch nicht der einzige - besonders nach Wiederaufbau des Schlosses - sein wird.

— —

We wish you a very happy journey thru Germany and express our hope that this is not the last time your M. and your Royal H. will have visited us. We hope also that the next time, you can live in the rebuilt castle!

Unter den Klängen des Chorals »Auld Lang Syne«, gespielt von der Crailsheimer Stadtkapelle, besteigen die Queen, Prince Philip und ihre Langenburger Familie den Salonwagen des Sonderzuges. Dort nimmt man voneinander Abschied und die Langenburger verlassen den Sonderzug wieder, die Treppe wird entfernt und das königliche Paar erscheint am Fenster, fröhlich lachend und winkend sieht man ihnen an, dass sie den Aufenthalt in Langenburg von ganzem Herzen genossen haben. Die begeisternden Wartenden dürfen nun auch näher herantreten, jubeln und winken und während die Crailsheimer Stadtkapelle »Muss i denn zum Städtele hinaus« anstimmt, setzt der Sonderzug sich in Bewegung und ein ganz besonderer Tag für Langenburg, Hohenlohe und Baden-Württemberg geht zu Ende. Lange bleibt dieser Tag in den Herzen der Menschen, die daran teilhaben durften, verankert, und selbst wenn man nicht dabei war, hat so mancher davon gehört, die ein oder andere Erinnerung geteilt bekommen, dass es ihm scheint, als sei er selbst dabei gewesen.

Die Queen und Prince Philip verbringen die Nacht auf den Gleisen, um am nächsten Tag Köln zu besuchen und Deutschland weiter zu bereisen, um am 28. Mai 1965 in Hamburg die königliche Jacht Britannia zu besteigen. Der Abschluss des Staatsbesuches in Hamburg wurde von einem kleinen Skandal begleitet. So kam die Ehefrau des Hamburger Bürgermeisters Paul Nevermann ihren repräsentativen Pflichten nicht nach, da sich das Paar in Trennung befand. Die Klatschspalten schürten den Skandal so weit an, dass Nevermann sich zum Rücktritt gezwungen sah. Eine anonyme 10-jährige Briefeschreiberin richtete von der Berichterstattung angeheizt folgende Zeilen an Frau Nevermann:

»Sehr geehrte Frau Neverman! Sie sind eine ganz große Ziege!!! Die Queen hat sich soo auf den Empfang Hamburgs gefreut, und Sie, Sie beleidigen die Queen! Sie Kuh!!! Ihre G.L. 10 Jahre alt.«

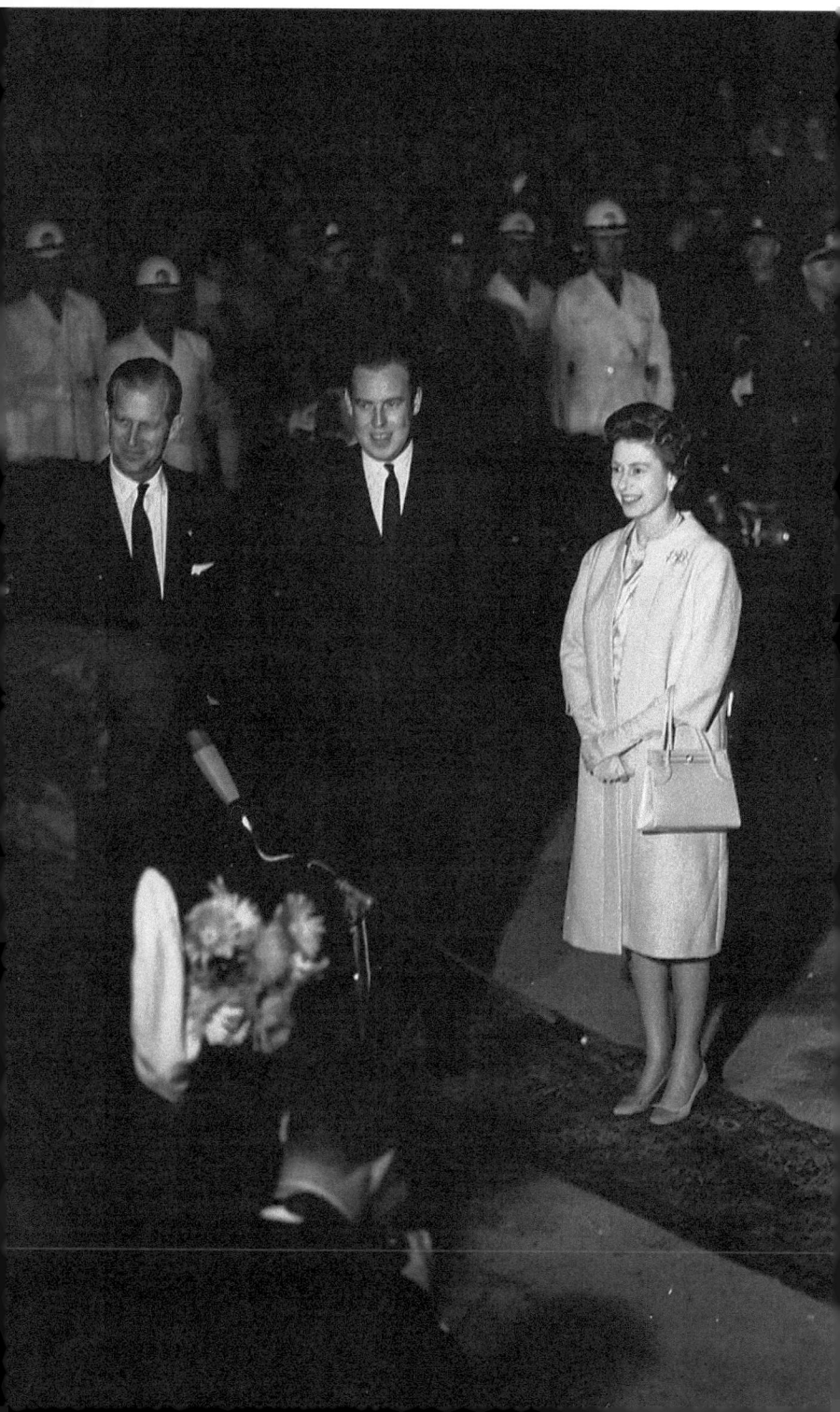

10214 Köl

Salon4üge

Charlotte, Prinzessin von Croÿ, Freifrau von Twickel, Mutter von Fürst Philipp, erinnert sich

An einem goldenen Herbsttag im Oktober 1963 besuchte sie Schloss Langenburg, das später einmal ihre Heimat werden sollte, zum ersten Mal. Trotz der verheerenden Schäden, die das Feuer zu Beginn desselben Jahres am Schloss hinterlassen hatte, erinnert sie sich an den prachtvollen Anblick, den die Silhouette gegen den herbstlichen Himmel bot.

Seit ihrer Verlobung mit dem jungen Fürsten Kraft zu Hohenlohe-Langenburg nahm sie tatkräftig am Wiederaufbau und der Restaurierung des Schlosses teil. Da sie bereits einige Jahre im Kunsthandel tätig war, begeisterte sie diese Aufgabe ungemein. Gemeinsam mit Fürst Kraft leitete und überwachte sie viele der Renovierungsarbeiten, bemühte sich um die Rückführung und Restaurierung ausgelagerter, verliehener oder neu angekaufter Möbel und Einrichtungsgegenstände.

Der Staatsbesuch 1965 sollte nur wenige Monate vor ihrer Hochzeit mit Fürst Kraft und mitten in den aufwendigen Wiederherstellungsarbeiten an Schloss Langenburg stattfinden. Während ihrer Aufenthalte auf Schloss Langenburg wurde sie Zeugin, wie sich die ersten Gerüchte über den Besuch verbreiteten: »Im Städtchen hatte man sich schon gewundert, warum der Bahnhof neu angestrichen wurde.« Bald wurde die Planung mit der Staatskanzlei immer konkreter. Auf Schloss Langenburg barg vor allem der bauliche Zustand einige Hindernisse. Gerne hätte man die Königin und Prinz Philip auch über Nacht zu Gast gehabt, aber es fehlte noch an Gästezimmern.

Im ehemaligen Dienstbotentrakt des Schlosses hatte die fürstliche Familie einige Zimmer bezogen, dort sollten die königlichen Gäste empfangen werden. »Die hergerichteten Zimmer in der ›Brauerei‹ – ein Salon und ein Esszimmer – waren sehr ordentlich und elegant eingerichtet«, also trotz der Übergangslösung ein würdiger Rahmen für das familiäre Zusammensein.

Die fast einstündige Verspätung der königlichen Gäste sorgte dann trotz der langen und guten Planung doch für einige Aufregung. Nicht nur die wartenden Bürger und Besucher in der Stadt bangten voller Spannung der Ankunft entgegen, auch in der Schlossküche verzweifelte der Koch beinahe. »Der inzwischen in Pension gegangene Koch Karl Gebert kam eigens zurück, um das Abendessen zu kochen, und war wegen der Verspätung verzweifelt, denn sein berühmtes Gericht Koulibiak hatte zu lange warten müssen. Die Langenburger Küche war damals wegen Koch Gebert sehr bekannt und von allen Verwandten und Gästen gelobt.«

Dann traf die Gesellschaft endlich ein, und nach dem Presseempfang im Schlosshof begab man sich für Cocktails in den vom Brand verschonten, nur durch Ruß und Rauch in Mitleidenschaft gezogenen, nun aber wieder im alten Glanz erstrahlenden Barocksaal. Der weitere Abend verlief ganz nach Plan.

Auch das Abendessen glückte trotz der Verspätung und der Verzweiflung des Koches und überstand sogar den nicht gerade kurzen Weg von der alten Schlossküche im Hof bis zu den Räumlichkeiten in der Brauerei am Rand des Schlosses.

Für sie war es nicht das erste Zusammentreffen mit der königlichen Familie. Sie war zwischen Österreich und England aufgewachsen und wurde, wie damals bei jungen Damen aus der Gesellschaft üblich, mit 18 bei Hofe vorgestellt. Nach ihrer Verlobung hatte sie bei einer privaten Teestunde im Buckingham Palace die Königin und Prince Philip dann zum ersten Mal ganz privat getroffen.

Auch Lady Susan Hussey, eine der die Königin begleitenden Hofdamen, kannte sie bereits und freute sich sehr, diese in Langenburg wiederzusehen.

Nach der gemeinsam im Schloss verbrachten Zeit fuhr die gesamte Gesellschaft zum Langenburger Bahnhof. Dort wartete bereits der Zug, der Ihrer Majestät während des Großteils der Reise als Residenz diente, mit dem übrigen Gefolge. »Der Zug war sehr nobel und bequem eingerichtet, und wir sind alle damals bei der Abfahrt mit Begeisterung zum Bahnhof gefahren, auch um ihn zu sehen.«

Abschließend erinnert sie sich: »Es war eine sehr fröhliche und lustige Atmosphäre, und es war natürlich für Fürstin Margarita eine Freude, ihrer Schwägerin, der Königin, ihr ›Zuhause‹ zu zeigen.«

Residenz auf Schienen

Nur drei der zehn Nächte, welche die Queen und Prince Philip in Deutschland verbrachten, schliefen die beiden nicht in ihrem Sonderzug. Zwei Nächte verbrachten sie im Gästehaus der Bundesrepublik, der Residenz auf dem Petersberg, und eine weitere Nacht verbrachten sie auf Schloss Salem, der Heimat von Prince Philips Schwester Theodora und ihrer Familie.

Im Ausbesserungswerk der Bundesbahn in Frankfurt/Main wurde der 400 Meter lange, 15 Wagen umfassende Sonderzug auf seine königlichen Gäste vorbereitet. Das Bundespräsidialamt stellte für die 3.000 km lange Reise sowohl den Salonwagen des Bundespräsidenten als auch den des Bundeskanzlers zur Verfügung. 40 Telefone sorgten für die Verbindung zur Außenwelt.

Besonders geschichtsträchtig im Tross des Zuges der Salonwagen 10242 – der im Jahr 1937 in Dienst gestellte Salonwagen diente der Begleitmannschaft Hitlers als Speisewagen, wurde nach dem Krieg mit Schlafabteil und Badezimmer für den britischen Hochkommissar umgestaltet und 1953 an die Bundesregierung übergeben, welche ihn für Reisen des Bundeskanzlers nutzte. Für den Besuch der Queen wurde er aufgehübscht und umlackiert. Bis 1988 blieb er im Dienst der Bundesregierung und ist heute im Deutschen Dampflokomotivmuseum zu bestaunen.

An den Fahrstrecken und Bahnhöfen wurden die königlichen Gäste stets jubelnd und klatschend empfangen. Duisburg hatte aus Sorge vor der Unglückszahl, sogar sein Gleis 13 in 12a umbenannt, damit auch alles gut gehe und der Besuch ein Erfolg werde.

Aus Sicherheitsgründen fuhr immer 10 Minuten vor dem Sonderzug ein Vorzug, um mögliche Probleme auf den Gleisen rechtzeitig zu erkennen. Sozusagen verfolgt wurde der königliche Sonderzug von einem Sonderzug der Journalisten, welche die Reise begleiteten und natürlich stets in der Nähe der hohen Gäste sein mussten.

Alles verlief reibungslos und sowohl das deutsche Protokoll als auch der britische Botschafter dankten der Bundesbahn für ihren Dienst.

Die Automobile

Im September 1963 wurde auf der Internationalen Automobil-Ausstellung (IAA) ein neuer Mercedes der Öffentlichkeit vorgestellt. Der Mercedes Typ 600 konnte jeden Sonderwunsch für prominente Interessenten erfüllen. Lediglich 2.677 Exemplare wurden in den knapp 20 Jahren seiner Produktionszeit hergestellt – eines davon in der Sonderschutzausführung als Pullman-Landaulet. Dieses wurde zur Staatslimousine für die deutsche Bundesregierung. Der Wagen blieb immer in Besitz des Unternehmens, wurde aber regelmäßig an die Bundesregierung ausgeliehen. Luftfederung, Servolenkung, elektrische Heizungs- und Lüftungsanlage, hydraulisch verstellbare Sitze und Lehnen, elektrische Fensterheber, die Ausstattung war luxuriös. Das aufschlagbare Verdeck ermöglichte vielen Menschen, die Königin auf ihrer Fahrt durch Deutschland zu sehen. Vom Stuttgarter Hauptbahnhof zum Neuen Schloss, dem Fernsehturm nach Marbach und Schwäbisch Hall.

Da der offizielle Staatsbesuch nach dem Aufenthalt in Schwäbisch Hall ein kleine Pause einlegte, wurde die Staatslimousine durch ein nicht minder exquisit ausgestattetes Modell ausgetauscht. Der Mercedes-Benz 300d, Baujahr 1960, ist etwas kleiner und ohne aufschlagbares Dach. Die Sonderschutzausführung sorgt für den sicheren Transport, die extra hohen Fenster dafür, dass man die Reisenden gut sehen kann. Heute kann man den Mercedes-Benz 300d im Deutschen Automuseum Langenburg bestaunen.

Das Protokoll hatte die Wagenfolge für jede Fahrt genau festgelegt.

WAGENFOLGE NR. 1

Dienstag, 18. Mai 1965
12.15 Uhr
Flughafen Köln/Bonn — „Residenz Petersberg"

Wagen des Chefs des Protokolls
    Sir Martin Charteris
    Botschafter von Holleben

Ehreneskorte

Wagen I. M.
    I. M. die Königin
    der Herr Bundespräsident
    Vortragender Legationsrat Weber

Wagen S. K. H.
    S. K. H. Prinz Philip
    Frau Lübke

Wagen des Bundesministers des Auswärtigen
    S. E. der Britische Außenminister
    der Bundesminister des Auswärtigen
    Vortragender Legationsrat Kusterer

Wagen Nr. 2   The Countess of Leicester
    Frau von Etzdorf

Wagen S. E. des Britischen Botschafters
    S. E. der Britische Botschafter
    Botschafter Blankenhorn

Wagen Nr. 3   Sir Michael Adeane
    Botschafter Dr. von Etzdorf

Wagen des Chefs des Bundespräsidialamts
    Botschafter von Herwarth
    Ministerialdirektor Dr. Einsiedler

Wagen Nr. 5   I. E. Lady Roberts
    Frau Blankenhorn

Wagen Nr. 6 Lady Susan Hussey
             Frau von Holleben

Wagen Nr. 7 Mr. Heseltine
             Brigadegeneral Boehm

Wagen Nr. 8 Frau von Plehwe
             Lord Plunket

Wagen Nr. 9 Sir Derek Steele-Perkins
             Vortragender Legationsrat I. Kl.
             Dr. von Plehwe

Wagen Nr. 10 Ministerialrat Dr. Sehrbrock
             Squadron-Leader D. Checketts

Wagen Nr. 11 Ministerialdirigent Dr. Simon
             Mr. Henderson

Wagen Nr. 12 Miss. F. Simpson
             Miss M. MacDonald

Wagen Nr. 13 Mr. P. Hoath
             Mr. J. Pearce

Wagen Nr. 14 Miss F. Bramford
             Miss F. Austin
             Mr. M. Wakefield

Wagen Nr. 1 Reserve

Wagen Nr. 4 Reserve

Wagen Nr. 15 Reserve

Was bleibt?

Ein Stück der Erinnerung bewahren, greifbar machen. Ein Wunsch, dem viele findige Geschäftsleute gerne entsprochen haben.

Postkarten druckt man in fast jeder Gemeinde auf der Route des Staatsbesuches. Manche entstehen schon davor, Fotocollagen mit Porträts des königlichen Paares und der besuchten Region. Und schon wenige Tage nach den Besuchen füllen sich die Auslagen der Geschäfte mit Fotografien des Staatsbesuches. Findet man sich selbst in der Gruppe der Zuschauer oder winkend am Straßenrand?

In Langenburg können Sie um den königlichen Besuch eine ganze Urlaubswoche buchen. Die »Bunte Truhe« schnürt ihnen ein Komplettpaket und wirbt:

Montag, 24.5.
~ Besuch I.M. Königin Elizabeth II. und Prinz Philip, Herzog von Edinburgh in Langenburg von 18.00–23.00 Uhr.

16.30–18.00 Uhr
~ Konzert der Jugendkapelle Crailsheim auf dem Marktplatz
~ Ankunft des engl. Königspaares

- Begrüßungsständchen d. Jugendkap. Crailsheim an der Bächlinger Str. unterh. Krone
- Begrüßungsständchen des Spielmannszugs Langenburg vor dem Haus Wüst

18.20–20.00 Uhr
- Konzert der Stadtkapelle Crailsheim auf dem Marktplatz

19.30–21.00 Uhr
- Konzert des Spielmannszugs Langenburg

21.00–23.00 Uhr
- Konzert der Stadtkapelle Gerabronn

23.00 Uhr
- Fackelspalier von Schloss bis Bahnhof
- Nach Anbruch der Dunkelheit Stadtbeleuchtung

Dienstag, 25.5.
Die schöne »3-Schlösserfahrt«:
- Schloss Morstein (Reiherhalde)
- Schloss Tierberg (Schloss Schweigen m. Besichtigung)
- Schloss Stetten (Kaffeepause)

- Abfahrt 14 Uhr, Rückkehr 19 Uhr, Fahrpreis. DM 4,-

Donnerstag, 27.5.
- Fahrt von Langenburg nach Creglingen (Riemenschneider Altar)
- Weikersheim (Besuch d. Schlosses u.d. Schlossgartens)
- Bad Mergentheim (Besuch der Kuranlagen, Schloss und Stadt)
- Stuppach (Grünewald Madonna)

- Abfahrt 9 Uhr, Rückkehr 19 Uhr, Fahrpreis DM 8,50

Samstag, 29.5.
- Fahrt nach Stuttgart zum Besuch einer Ballettveranstaltung im Staatstheater. Zur Aufführung gelangt das Ballett: »Romeo und Julia«

Zahlreiche Sonderbriefe, Briefmarken und sogar Sonderstempel der Post sind noch heute beliebte Sammelobjekte.

Wer sich etwas Besonderes gönnen wollte, für den war wohl eine der von der Firma Hans Ketter herausgegebenen und bei den Banken und Sparkassen erhältlichen Goldmünzen etwas. So bietet der Flyer Münzen in verschiedenen Durchmessern, Formen und mit unterschiedlichem Feingehalt an. So gab es die Münzen, geprägt auf der einen Seite mit einem Doppelporträt des königlichen Paares und auf der anderen Seite mit der Silhouette von Schloss Langenburg.

KÖNIGIN ELIZABETH II
HERZOG VON EDINBURGH

KÖNIGIN ELIZABETH II
HERZOG VON EDINBURGH

Deutschlandbesuch Mai 1965

Goldmedaille
900/000 Feingold

Goldgehalt in jeder Medaille eingeprägt

⌀ 15,50 mm, ca. 1,5 g, DM 15.—

⌀ 20 mm, ca. 4 g, DM 32.50, Aufl.: 50 000 Stück

⌀ 26 mm, ca. 10g, DM 70.—, Aufl.: 25 000 Stück

Goldmedaille in Briefmarkenform

986/000 Dukatengold

Goldgehalt in jeder Medaille eingeprägt

21 x 24 mm, ca. 8 g, Aufl.: 15 000 Stück

DM 75.—

Geschenketui DM 2.50

Feinsilber 1000/1000 fein, ⌀ 40 mm,

ca. 20 g, DM 16.—, Aufl.: 5 000 Stück

Entwurf und Ausführung ges. gesch.

Herausgeber: Fa. Hans Ketterer, Tübingen, Mohlstr. 48
Telefon 07122 / 3883

Erhältlich bei Sparkassen, Banken und sämtlichen Geldinstituten

Druck: Müller & Bass, Tübingen

Und wer nicht für sich selbst eine Erinnerung ergattern konnte, kann hier und da noch heute Spuren des Besuches entdecken. Im Museum auf Schloss Langenburg blickt man in den Vitrinen auf Fotos und Andenken dieses geschichtsträchtigen Besuches. Im Deutschen Automuseum Langenburg sind neben der Staatslimousine auch ein Film des Besuches sowie weitere Zeitzeugnisse zu sehen.

Auch im Depot des Hällisch-Fränkischen Museums Schwäbisch Hall schlummern einige Schätze, mit denen vielleicht eines Tages die Erinnerung an jenen Tag wieder greifbar wird. Besonders sticht dabei eine von Eberhard Weller gestiftete Schützenscheibe hervor, welche die Queen und Prince Philip mit dem Ministerpräsidenten und dem Oberbürgermeister auf dem Balkon des Rathauses zeigt. Aber auch ein Hutkoffer mit »Königinnenhut«, dieser wurde eigens für den Empfang der Königin bei der Haller Modistin Margarete Pollak angefertigt und von Frau Sigrid Müller getragen.

Auch wenn die Umbenennung nie offiziell erfolgte, ziert ein Schild mit der Aufschrift »Königin-Elizabeth-Straße« heute die Straße von Nesselbach nach Bächlingen und ist damit eine bleibende Erinnerung an diesen unvergesslichen Tag im Mai 1965.

Weitere Staatsbesuche

Im Mai 1978 treten die Queen und Prince Philip ihren zweiten Staatsbesuch in Deutschland an. Dieser führt sie nach Bonn, Mainz, Kiel und Bremen.

Das Staatsbankett findet erneut auf Schloss Augustusburg in Brühl statt, Bundespräsident ist seinerzeit Walter Scheel. Bundeskanzler Helmut Schmidt empfängt die Königin im Palais Schaumburg. In Berlin nimmt die Queen am 24. Mai ihre Geburtstagsparade ab, es ist das erste Mal, dass diese Zeremonie außerhalb Londons stattfindet.

Der dritte Staatsbesuch 1992 führt die Königin neben Köln und Berlin auch durchs wiedervereinigte Deutschland nach Leipzig, Dresden und Potsdam. In Bonn empfängt sie Bundeskanzler Helmut Kohl. Das Staatsbankett findet auch dieses Mal im Schloss Augustusburg statt, Gastgeber ist Bundespräsident Richard von Weizsäcker.

Berlin, Brandenburg und Nordrhein-Westfalen sind die Stationen des vierten Staatsbesuches im November 2004. Bundeskanzler Gerhard Schröder empfängt Queen Elizabeth II. im neuen Bundeskanzleramt und das Staatsbankett richtet Bundespräsident Horst Köhler im Zeughaus Unter den Linden aus.

Der letzte Staatsbesuch der Königin findet im Juni 2015 statt. Empfangen wird sie auf Schloss Bellevue von Bundespräsident Joachim Gauck. Sie trifft Bundeskanzlerin Angela Merkel und besucht Frankfurt am Main.

Auch King Charles III. führt die Tradition um die engen und guten Verbindungen der beiden Länder fort. So ist es sein erster Staatsbesuch im Amt, der ihn nach Deutschland führt. Im März 2023 treffen er und Queen Camilla in Berlin ein, wo sie von Bundespräsident Frank-Walter Steinmeier begrüßt werden. Im Schloss Bellevue findet das Staatsbankett statt und im Kanzleramt trifft er auf Bundeskanzler Olaf Scholz. Die Reise führt das Paar weiter durch Brandenburg nach Hamburg.

Königliche Besuche in Deutschland vor 1965

1841 ~ Die Herzogin von Kent, Mutter Königin Victorias, bereist Coburg, Gotha und Langenburg
1849 ~ Königin Victoria und Prinz Albert besuchen Bonn und Coburg
1858 ~ Königin Victoria und ihre Tochter Prinzessin Victoria besuchen Friedrich Wilhelm von Preußen in Berlin
1860 ~ Königin Victoria besucht Coburg
1860 ~ Der Prince of Wales verbringt Ostern in Berlin
1863 ~ Königin Victoria besucht Coburg
1869 ~ Der Prince und die Princess of Wales besuchen Berlin
1872 ~ Königin Victoria besucht ihre Schwester Fürstin Feodora zu Hohenlohe-Langenburg
1872 ~ Königin Victorias Söhne, die Prinzen Alfred und Arthur, nehmen an Fürstin Feodoras Beisetzung teil
1887 ~ Der Prince of Wales reist zum 90. Geburtstag von Kaiser Wilhelm I. nach Berlin
1888 ~ Der Prince und die Princess of Wales reisen zur Beisetzung von Kaiser Wilhelm I.
1888 ~ Königin Victoria besucht ihre Tochter Kaiserin Victoria in Berlin
1888 ~ Der Prince und die Princess of Wales reisen zur Beisetzung von Kaiser Friedrich III.

1896 ~ Der Herzog und die Herzogin von York in Coburg zur Hochzeit von Erbprinz Ernst zu Hohenlohe-Langenburg und Prinzessin Alexandra von Sachsen-Coburg und Gotha

1900 ~ Der Herzog und die Herzogin von York reisen zum 18. Geburtstag von Kronprinz Wilhelm nach Berlin

1903 ~ Königin Alexandra reist zur Hochzeit von Alice von Battenberg und Andreas von Griechenland nach Darmstadt

1909 ~ Staatsbesuch von König Eduard und Königin Alexandra in Berlin

1913 ~ König Georg V. und Königin Mary reisen zur Hochzeit von Prinzessin Viktoria Luise von Preussen und dem Herzog von Braunschweig

Familiäre Verbindung der Queen zu Baden-Württemberg

Haus Teck ~ Als Prinz Alexander von Württemberg unstandesgemäß die Gräfin Claudine Rhédey von Kis-Rhéde heiratete, wurde seinen Kindern zu Beginn der Titel eines Grafen bzw. einer Gräfin von Hohenstein zugestanden. 1863 wurde Alexanders Sohn Franz zum Fürsten und 1871 zum Herzog von Teck erhoben. Das Haus Württemberg hatte das Haus Teck 1495 beerbt und war seither in dessen Besitz. Franz heirate 1866 Mary Adelaide von Großbritannien, eine Cousine von Königin Victoria. Eine Tochter und drei Söhne werden dem Paar geschenkt. Die Tochter Victoria Mary und ihr späterer Mann Prinz George, Duke of York, werden 1910 König und Königin Großbritanniens sowie Kaiser und Kaiserin von Indien. Ihre Enkelin Elizabeth wird 1926 geboren und besteigt 1952 den britischen Thron.

Haus Baden ~ Am 17. August 1931 heiratete in Konstanz Berthold Markgraf von Baden die griechische Prinzessin Theodora, Schwester von Prince Philip, welcher 1947 die spätere Königin Elizabeth II. heiratete. Durch diese Verbindung entstanden enge und herzliche familiäre Bande zwischen der Badischen Markgrafenfamilie und der Familie der britischen Königin.

Haus Hohenlohe ~ Die Verbindungen zwischen Hohenlohe-Langenburg und der britischen Krone sind lange und eng. 1818 hatte die Enkelin des Langenburger Fürsten Carl Ludwig, Adelheid von Sachsen-Meiningen, den späteren britischen König William IV. geheiratet. 1828 ehelichte im Kensington Palace Fürst Ernst I. zu Hohenlohe-Langenburg Feodora zu Leiningen, die ältere Halbschwester der späteren britischen Königin Victoria. Seit 1896 war Fürst Ernst II. zu Hohenlohe-Langenburg mit Alexandra von Sachsen-Coburg und Gotha, Tochter von König Victorias zweitem Sohn, Alfred Herzog von Edinburgh und Herzog von Sachsen-Coburg und Gotha verheiratet. Der Sohn von Ernst II. und Alexandra, Gottfried, vermählte sich am 20. April 1931 mit Margarita von Griechenland. Margarita war die älteste Schwester von Prince Philip, dem Gatten Elizabeths II. So waren und sind die Hohenloher über Generationen hinweg Teil der britischen Königsfamilie.

Biogramme

H.M. The Queen, Elizabeth II. ~ Elizabeth II. wurde am 21. April 1926 in London geboren und regierte als Königin des Vereinigten Königreichs von 1952 bis zu ihrem Tod am 8. September 2022. Damit war sie die am längsten regierende Monarchin in der britischen Geschichte.

Ihre Beziehung zu Deutschland war geprägt von ihrer deutschen Abstammung über das Haus Sachsen-Coburg und Gotha, das später in Windsor umbenannt wurde, um den deutsch klingenden Namen während des Ersten Weltkriegs abzulegen. Während ihrer Regentschaft förderte sie die deutsch-britischen Beziehungen durch zahlreiche Staatsbesuche und diplomatische Begegnungen. Besonders hervorzuheben ist ihr Besuch 1965, der als Meilenstein in der Nachkriegsversöhnung angesehen wird. Queen Elizabeth II. pflegte auch enge persönliche Bindungen zu Deutschland, insbesondere durch ihren Ehemann Prinz Philip, der ebenfalls deutsche Wurzeln hatte.

H.R.H. Prince Philip, Duke of Edinburgh ~ Prinz Philip, Herzog von Edinburgh, wurde am 10. Juni 1921 auf der griechischen Insel Korfu geboren und starb am 9. April 2021. Er war der Ehemann von Queen Elizabeth II. und der längstdienende Prinzgemahl in der britischen Geschichte. Philip wurde als Prinz von Griechenland und Dänemark geboren, musste jedoch im Zuge politischer Unruhen mit seiner Familie ins Exil gehen.

Philips familiäre Wurzeln reichen tief nach Deutschland, stammt er doch aus dem Hause Schleswig-Holstein-Sonderburg-Glücksburg. Seine Mutter Alice war eine geborene Prinzessin von Battenberg, den ins Englische übertragenen Namen Mountbatten nahm er bei seiner Heirat mit Elizabeth an und legte in diesem Zuge seine deutschen, griechischen und dänischen Titel ab und wurde britischer Staatsbürger. Philip blieb zeitlebens stolz auf seine Herkunft. Da seine vier Schwestern, Margarita, Theodora, Cecilie und Sophie in deutsche Adelshäuser einheirateten blieb seine familiäre Verbindung zu Deutschland stets eng. Er war rege bemüht, die deutsch-britischen Beziehungen zu fördern.

Bundespräsident Heinrich Lübke ~ Heinrich Lübke, geboren am 14. Oktober 1894, wurde 1959 zum Bundespräsidenten gewählt. In dieser Rolle setzte er sich intensiv für die Entwicklungshilfe ein und betrachtete die Bekämpfung des Hungers in der Welt als seine wichtigste außenpolitische Aufgabe. Zudem sprach er bei Auslandsbesuchen regelmäßig das Thema der deutschen Wiedervereinigung an. Innenpolitisch war ihm die Einbeziehung der SPD in die Regierungsverantwortung ein Anliegen, was 1966 in der Großen Koalition mündete. 1964 wurde Lübke mit großer Mehrheit für eine zweite Amtszeit bestätigt.

Gegen Ende seiner Präsidentschaft wurde er jedoch durch eine DDR-Kampagne, die ihn diffamierte und als »KZ-Baumeister« verunglimpfte, schwer belastet. Diese Angriffe sowie seine gesundheitlichen Probleme führten dazu, dass er 1969, zehn Wochen vor Ablauf seiner Amtszeit, zurücktrat. Heinrich Lübke starb am 6. April 1972.

Wilhelmine Lübke ~ Wilhelmine Keuthen, geboren am 9. Mai 1885 im Sauerland, begann ihre Karriere als Volksschullehrerin und studierte später Mathematik, Philosophie und Germanistik. Sie unterrichtete an Gymnasien, bevor sie 1929 den jüngeren Heinrich Lübke heiratete und ihren Beruf aufgab. Während der Verhaftung ihres Mannes 1934 hielt sie sich mit Nachhilfestunden und Zimmervermietungen über Wasser. Nach dem Krieg zog das Paar nach Bonn, wo Heinrichs politische Karriere voranschritt. Als er 1959 Bundespräsident wurde, war Wilhelmine als First Lady gut vorbereitet. Sie engagierte sich besonders für das Kuratorium Deutsche Altershilfe, das unter anderem Altenwohnheime und Pflegedienste förderte. Wilhelmine Lübke starb 1981 in Bonn.

Bundeskanzler Ludwig Ehrhard ~ Ludwig Erhard wurde am 4. Februar 1897 in Fürth geboren und gilt als Vater des »Wirtschaftswunders«. Nach dem Studium der Wirtschaftswissenschaften wurde er 1948 Direktor der Verwaltung für Wirtschaft in der Bizone und prägte als Wirtschaftsminister (1949–1963) die Marktwirtschaft der jungen Bundesrepublik. 1963 folgte Erhard Konrad Adenauer als Bundeskanzler nach.

Als Kanzler setzte Erhard seine wirtschaftspolitischen Prinzipien fort, stieß jedoch auf innen- und außenpolitische Herausforderungen. Seine Bemühungen, die Wirtschaftspolitik zu stärken und die EWG auszubauen, wurden durch Konflikte innerhalb der Koalition und der CDU erschwert. 1966 führte eine wirtschaftliche Rezession und der Verlust der Unterstützung seiner Partei zu seinem Rücktritt. Erhard blieb jedoch bis zu seinem Tod am 5. Mai 1977 eine prägende Figur der deutschen Nachkriegsgeschichte.

Baden-Württembergischer Ministerpräsident Kurt Georg Kiesinger ~ Kurt Georg Kiesinger wurde am 6. April 1904 in Ebingen, Baden-Württemberg, geboren. Nach einem Jurastudium arbeitete er als Rechtsanwalt und trat 1933 in die NSDAP ein. Während der NS-Zeit war er als Beamter im Außenministerium tätig. Nach dem Zweiten Weltkrieg schloss sich Kiesinger der CDU an und wurde 1949 in den Bundestag gewählt.

1958 übernahm Kiesinger das Amt des Ministerpräsidenten von Baden-Württemberg. In dieser Funktion trug er maßgeblich zur wirtschaftlichen und politischen Stabilität des Bundeslandes bei und förderte den Ausbau der Infrastruktur sowie das Bildungswesen. Seine Zeit als Ministerpräsident endete 1966, als er Bundeskanzler wurde. Kiesinger blieb bis 1969 im Kanzleramt und verstarb am 9. März 1988. Seine Amtszeit in Baden-Württemberg gilt als prägend für die Entwicklung des Landes in der Nachkriegszeit.

Privatsekretär der Königin, Sir Michael Adeane ~ Sir Michael Adeane wurde am 30. September 1910 geboren und war einer der engsten Vertrauten von Königin Elizabeth II. Nach seiner Ausbildung am Eton College und an der Universität Cambridge begann er seine Karriere im königlichen Dienst und wurde 1953 zum Privatsekretär der Königin ernannt, eine Position, die er bis zu seinem Ruhestand 1972 innehatte.

Als Privatsekretär spielte Adeane eine zentrale Rolle in der Verwaltung der täglichen Angelegenheiten des Königshauses und war maßgeblich an der Vorbereitung und Durchführung von Staatsbesuchen, öffentlichen Auftritten und der königlichen Korrespondenz beteiligt. Er galt als diskret, loyal und diplomatisch, was ihn zu einem unverzichtbaren Berater der Königin machte. Für seine Verdienste wurde er 1962 zum Baron ernannt. Sir Michael Adeane starb am 30. April 1984.

Lady Susan ~ Lady Susan Hussey, geboren am 1. Mai 1939, diente als enge Vertraute und Hofdame von Königin Elizabeth II. über sechs Jahrzehnte. Sie trat 1960 in den königlichen Dienst ein, kurz nach der Geburt von Prinz Andrew, und wurde bald zur »Woman of the Bedchamber« ernannt. In dieser Rolle war sie nicht nur für die Organisation und Unterstützung des täglichen Lebens der Königin verantwortlich, sondern diente auch als eine wichtige Beraterin und Vertraute. Lady Susan war oft an der Seite der Königin bei offiziellen Anlässen und Reisen, was ihre Rolle als eines der loyalsten und diskretesten Mitglieder des königlichen Haushalts unterstrich. Nach dem Tod der Königin im Jahr 2022 setzte sie ihren Dienst als Teil des engeren Kreises um König Charles III. fort. Lady Susan Hussey ist bekannt für ihre langjährige, unermüdliche Hingabe und Loyalität zum britischen Königshaus.

Countess of Leicester ~ Elizabeth Coke, geboren 1912 als Lady Elizabeth Mary Yorke, war ein Mitglied des britischen Adels und diente zwischen 1953 und 1970 als Hofdame (Lady of the Bedchamber) für Königin Elizabeth II. Sie war eine Tochter des 8. Earl of Hardwicke. 1931 heiratete Sie den 5. Earl of Leicester und das Paar zog nach Holkham, wo es die Verwaltung des Familienanwesens übernahm.

Während ihrer Zeit als Hofdame war Elizabeth eng in das Leben am königlichen Hof eingebunden und wurde für ihre Dienste 1965 mit dem Titel Commander of the Royal Victorian Order (CVO) ausgezeichnet. Neben ihrer Rolle am Hof gründete sie 1951 die Holkham Pottery, ein erfolgreiches Unternehmen, das zur finanziellen Stabilität des Familienanwesens beitrug. Elizabeth Coke starb 1985, hinterließ jedoch ein Vermächtnis als treue Dienerin der Krone und innovative Geschäftsfrau.

Martin Charteris ~ Martin Charteris, geboren am 23. März 1915, diente nach seinem Studium an der Royal Military Academy Sandhurst im King's Royal Rifle Corps. Während des Zweiten Weltkriegs wurde er 1944 zum Lieutenant-Colonel befördert und 1946 als Officer des Order of the British Empire (OBE) ausgezeichnet.

1950 trat Charteris als Privatsekretär von Prinzessin Elizabeth in den königlichen Dienst ein. Nach ihrer Thronbesteigung 1952 wurde er Assistierender Privatsekretär und bekleidete diese Rolle bis 1972. Für seine Verdienste erhielt er mehrere Ehrungen, darunter 1962 den Titel Knight Commander des Royal Victorian Order (KCVO). 1972 wurde Charteris Privatsekretär der Königin und verwaltete das königliche Archiv bis 1977. Für seine Verdienste wurde er 1976 zum Knight Grand Cross des Royal Victorian Order (GCVO) und 1977 zum Knight Grand Cross des Order of the Bath (GCB) ernannt.

Nach seinem Rücktritt wurde er 1978 zum Baron Charteris of Amisfield erhoben und übernahm bis 1991 das Amt des Provost des Eton College. Martin Charteris verstarb am 23. Dezember 1999.

Margaret MacDonald ~ Margaret (»Bobo«) MacDonald, geboren am 11. Januar 1914, war eine bedeutende Figur im Leben von Königin Elizabeth II. Sie begann ihren Dienst 1930 als Kinderschwester für die damalige Prinzessin Elizabeth, später Königin Elizabeth II. Ihr Spitzname »Bobo« soll von den ersten Worten der Königin stammen, und MacDonald war die einzige Person außerhalb der königlichen Familie, die die Königin mit Vornamen ansprechen durfte.

MacDonald begleitete die Prinzessin und später die Königin über mehrere Jahrzehnte. 1947 war sie bei der Hochzeitsreise von Elizabeth und Prinz Philip dabei und kümmerte sich in den folgenden Jahren um Elizabeths Garderobe und Schmuck. Ihre besondere Beziehung zur Königin war tiefgehend; sie hielt sich bis zu ihrem Tod am 9. Dezember 2003 im Buckingham Palace auf, wo sie eine eigene Suite hatte, obwohl sie keine offiziellen Pflichten mehr hatte.

Bobo MacDonald erhielt 1986 den Titel eines Lieutenant des Royal Victorian Order (MVO).

Chef des Protokolls, Ehrenfried von Holleben ~ Ehrenfried von Holleben (1909–1988) war nach einem Studium der Rechtswissenschaften juristischer Mitarbeiter bei einer Versicherung und Anwaltsassessor. Nach dem Zweiten Weltkrieg war er selbstständiger Anwalt und Wirtschaftsjurist in der Privatwirtschaft. Nachdem er am Konsulat in Glasgow und der Botschaft in London tätig gewesen war, trat er in die Abteilung O (Protokoll) erst als Vertreter und ab 1962 als Leiter der Abteilung ein. Bis 1966 leitete er die Abteilung O und wurde zum Botschafter in Brasilien und 1971 in Portugal berufen. Der Staatsbesuch Königin Elizabeths II. war eines seiner prestigeträchtigsten Projekte. 1975 wurde er mit dem Großen Bundesverdienstkreuz ausgezeichnet.

Eberhard Muff ~ Eberhard Muff (1917–2015) war als Ministerialrat in Baden-Württemberg Chef des Protokolls und wie schon zuvor beim Staatsbesuch des französischen Präsidenten Charles de Gaulles maßgeblich an der Planung der Abläufe des britischen Staatsbesuches in Baden-Württemberg beteiligt. Zahlreiche Schreiben, Protokolle und Anrufnotizen zeugen von seinem großen Einsatz für einen reibungslosen Verlauf des Tages in Baden-Württemberg.

Bürgermeister Fritz Gronbach, Langenburg ~ Fritz Gronbach (1910–1999) zählt zu den prägendsten Bürgermeistern in Langenburg. Ein bewegtes Leben, von 1935–1938 wegen Beihilfe zum Hochverrat von den Nazis inhaftiert, anschließend von der Gestapo bespitzelt und 1940 als Frontwährungssoldat eingezogen und an die Front nach Russland verbracht, blieb er immer eng mit Langenburg verbunden. 1946 wurde er Bürgermeister von Langenburg und hatte dieses Amt bis 1976 inne. Engagiert meisterte er die Unterbringung der Vertriebenen aus den ehemaligen deutschen Ostgebieten und die vielseitigen Veränderungen und Entwicklungen Langenburgs in der Nachkriegszeit. In Langenburg ist er daher nicht nur aufgrund seiner legendären Ansprache beim Besuch der britischen Staatsgäste noch immer in guter Erinnerung.

Oberbürgermeister Theodor Hartmann, Schwäbisch Hall ~ Am 21. Februar 1954 siegte bei der Bürgermeisterwahl der Waiblinger Regierungsrat Theodor Hartmann vor dem bisherigen Amtsinhaber Ernst Hornung und wurde neuer Bürgermeister und später Oberbürgermeister der Stadt Schwäbisch Hall. Bei der nächsten Wahl im Januar 1962 konnte Hartmann sein Ergebnis sogar um weitere 20 % ausbauen. Vor allem mit dem Bau und Ausbau zahlreicher Bildungseinrichtungen konnte er bei seiner Wiederwahl punkten. Der Besuch der Queen und des Prince Philip zählt sicher zu den eindrücklichsten seiner Zeit als Oberbürgermeister.

Oberbürgermeister Arnulf Klett, Stuttgart - Arnulf Klett, geboren. 8. April 1905 in Stuttgart, war von 1945 bis 1974 der längste amtierende Oberbürgermeister Stuttgarts. Als parteiloses Stadtoberhaupt spielte er eine entscheidende Rolle beim Wiederaufbau der Stadt nach dem Zweiten Weltkrieg. Unter Kletts Führung wurden wesentliche Teile des heutigen Stadtbahnnetzes realisiert und 1961 wurde die Städtepartnerschaft zwischen Stuttgart und Straßburg ins Leben gerufen, um die deutsch-französischen Beziehungen zu stärken.

Kletts Amtszeit war jedoch nicht ohne Kontroversen: Sein Engagement für den Wiederaufbau führte zu weitreichenden Abrissmaßnahmen historischer Gebäude, was ihm Kritik einbrachte. Gebäude wie das Kronprinzenpalais wurden abgerissen, was zu einem Verlust vieler historischer Stadtteile führte. Trotz dieser Kritik wurde Klett 1959 mit dem Großen Bundesverdienstkreuz mit Stern ausgezeichnet. Der Arnulf-Klett-Platz, benannt nach ihm, ehrt sein Engagement für Stuttgart. Klett verstarb am 14. August 1974 auf der Bühlerhöhe.

Anne Warburton ~ Dame Anne Warburton DCVO CMG (8. Juni 1927–4. Juni 2015) war eine bedeutende britische Diplomatin und die erste weibliche britische Botschafterin. Von 1976 bis 1983 diente sie als britische Botschafterin in Dänemark und von 1983 bis 1985 als britische Ständige Vertreterin bei den Vereinten Nationen in Genf. Nach ihrer diplomatischen Karriere war sie Präsidentin des Lucy Cavendish College der Universität Cambridge von 1985 bis 1994. 1965 war sie die erste Sekretärin des britischen Botschafters. Ihrer Begeisterung für die Festspiele auf der Freitreppe von St. Michael in Schwäbisch Hall ist es zu verdanken, dass Schwäbisch Hall ein Punkt auf der Liste der in Baden-Württemberg zu besichtigenden Orte anlässlich des Staatsbesuches wurde.

Fürstin Margarita zu Hohenlohe-Langenburg ~ Am 18. April 1905 in Athen als Prinzessin Margarita von Griechenland und Dänemark geboren, war sie das älteste Kind von Prinz Andreas von Griechenland und Dänemark und Prinzessin von Battenberg. Nach dem Ersten Weltkrieg und dem Griechisch-Türkischen Krieg verbrachte Sie einige Jahre an der Seite ihrer Familie im Exil in Frankreich und im Vereinigten Königreich. 1931 heiratete sie in Langenburg den damaligen Erbprinzen und späteren Fürsten Gottfried zu Hohenlohe-Langenburg. 1947 heiratete Ihr jüngster Bruder Philip die spätere britische Königin Elizabeth II., an deren Krönung Margarita mit ihrem Gatten und den zwei ältesten Kindern 1953 teilnahm. Margarita hatte vier Söhne und eine Tochter und lebte bis zu ihrem Tod am 24. April 1981 überwiegend in Langenburg.

Fürst Kraft zu Hohenlohe-Langenburg ~ 1960, nach dem Tod seines Vaters, übernahm der am 25. Juni 1935 geborene Kraft das Langenburger Erbe. Sein ganzes Leben widmete er mit viel Engagement und Leidenschaft seiner Hohenloher Heimat. Die größte Herausforderung dabei war der verheerende Schlossbrand am 23. Januar 1963. Unter großen Anstrengungen baute er das zerstörte Schloss in Langenburg wieder auf. 1970 gründete er gemeinsam mit Richard von Frankenberg das Deutsche Automuseum. Durch Schlossmuseum, Automuseum und Schlosscafé war er eine treibende Kraft in der touristischen Entwicklung Langenburgs und der gesamten Region. Zudem widmete er sich zahlreichen ehrenamtlichen und karitativen Aufgaben. Nur wenige Wochen nach dem Empfang seiner Tante und seines Onkels, der Queen und Prince Philip, heiratete er Prinzessin Charlotte von Croÿ. Die drei Kinder des Paares wurden in den folgenden Jahren geboren. Nach seiner Scheidung heiratete er die spätere Fürstin Irma zu Hohenlohe-Langenburg. Kraft starb am 16. März 2004. 2012 wurde er zum Ehrenbürger der Stadt Langenburg ernannt. Sein Sohn Philipp folgte ihm als Fürst nach.

Prinzessin Charlotte von Croÿ, Freifrau von Twickel ~ Am 31.12.1938 in London geboren, ist sie Kunsthistorikerin und war lange Jahre die Deutschlandrepräsentantin bei Christies und später im Vorstand des Hohenloher Kunstvereins.

Nur wenige Wochen nach dem Staatsbesuch heiratete sie Fürst Kraft zu Hohenlohe-Langenburg in Zwingenberg. Die beiden wurden Eltern von drei Kindern. Sie war maßgeblich am Wiederaufbau des 1963 abgebrannten Schlosses und der Neugestaltung des Schlossmuseums beteiligt. Nach ihrer Scheidung von Fürst Kraft heiratete sie Johann Freiherr von Twickel (1940–2014).

Bildquellen

Seite 14: Lady Susan Hussey; privat.

Seite 18: Fürst Gottfried und Theodor Heuss 1956 auf Schloss Langenburg; Archiv Schloss Langenburg (Abdruck genehmigt).

Seite 24: Pressekonferenz in Schwäbisch Hall; Scan aus dem Haller Tagblatt vom 19. Mai.

Seite 28: Einladungen; Archiv Schloss Langenburg (Abdruck genehmigt).

Seite 29: Danksagung; Archiv Schloss Langenburg (Abdruck genehmigt).

Seite 39: Plattencover; Axel Dittrich.

Seite 42: Schreiben Staatsministerium; Stadtarchiv Langenburg (Abdruck genehmigt).

Seite 53: Einlasskarte; Archiv Schloss Langenburg (Abdruck genehmigt).

Seite 61–68: Die Queen in Stuttgart; Robert Häusser Archiv Museum REM.

Seite 72–74: Die Queen in Marbach; Robert Häusser Archiv Museum REM.

Seite 83–86: Die Queen in Schwäbisch Hall; Robert Häusser Archiv Museum REM.

Seite 91: Menukarte; Archiv Schloss Langenburg (Abdruck genehmigt).

Seite 97–98: Orginalmanuskript der Rede des Bürgermeisters Gronbach; Archiv Schloss Langenburg (Abdruck genehmigt).

Seite 101: Die Queen am Bahnhof in Langenburg; Robert Häusser Archiv Museum REM.

Seite 102–115: Die Queen in Langenburg; Archiv Schloss Langenburg (Abdruck genehmigt).

Seite 116: Die Queen am Bahnhof in Langenburg; Robert Häusser Archiv Museum REM.

Seite 123: Bild oben: Rudolf Herrmann; Bild unten: Fotograf nicht genannt, Scan aus dem Sonderdruck Rad und Schiene.

Seite 126–127: Mercedes-Benz 300 d; Deutsches Automuseum Langenburg (Abdruck genehmigt).

Seite 128–129: Wagenfolge; Archiv Schloss Langenburg (Abdruck genehmigt).

Seite 133–134: Flyer Sondermünzen; Archiv Schloss Langenburg (Abdruck genehmigt).

Seite 138: Queen Elizabeth II. mit Camilla, Herzogin of Cornwall, 2012; Axel Dittrich.

Seite 141: Gäste der Hochzeit Fürst Ernst. II. und Fürstin Alexandra, 1896, mit dem Herzog und der Herzogin von York; Archiv Schloss Langenburg (Abdruck genehmigt).

Quellen

Stadtarchiv Langenburg – Sammlung zum Besuch der Königin 1965.
Archiv Schloss Langenburg – Sammlung zum Besuch der Königin 1965.
Fränkische Landeszeitung, 20. Februar 1965.
Günther, Frieder: Misslungene Aussöhnung? Der Staatsbesuch von
    Theodor Heuss in Großbritannien im Oktober 1958, hrsg. von
    der Stiftung Bundespräsident-Theodor-Heuss-Haus, 2004.
Haller Zeitung, 19. Mai 1965.
Der Jahrhundertbesuch – Film von Lothar Schröder.
SWR Retro – Vorbereitungen auf Queen-Besuch 11.05.1965.
stadtlexikon-stuttgart.de Isabella Munz.
Stuttgarter Zeitung, Nr. 120, 25. Mai 1965.
Haller Tagblatt, 25. Mai 1965.
Haller Tagblatt, 26. Mai 1965.
Hohenloher Tagblatt, 25. Mai 1965.
Wikipedia Sonderzug für Königin Elisabeth II. für Ihren Staatsbesuch 1965 in Deutschland.
guetersloh.de — Zu Besuch: Queen Elizabeth II.
Deutsches Automuseum Langenburg.
Hällisch-Fränkisches Museum SHA.